D1722325

Daniel Roth

Baumwanderungen

Daniel Roth

Baumwanderungen

30 Routen zu den eindrücklichsten Bäumen
der Schweiz

Daniel Roth, Heilpädagoge und Werklehrer, ist seit 30 Jahren auf dem «Baumweg». Er betreibt die Website baumwanderungen.ch.

1. Auflage: 2021
ISBN 978-3-258-08241-7

Umschlaggestaltung: pooldesign.ch, Zürich
Gestaltung und Satz: tiff.any, D-Berlin
Karten: Abdruck mit freundlicher Genehmigung des Bundesamts für Landestopografie swisstopo;
© swisstopo

Wir verwenden FSC-Papier. FSC sichert die Nutzung der Wälder gemäß sozialen, ökonomischen und ökologischen Kriterien.
Gedruckt in Deutschland

Diese Publikation ist in der Deutschen Nationalbibliografie verzeichnet. Mehr Informationen dazu finden Sie unter http://dnb.dnb.de.

Der Haupt Verlag wird vom Bundesamt für Kultur für die Jahre 2021–2024 unterstützt.

Wir verlegen mit Freude und großem Engagement unsere Bücher. Daher freuen wir uns immer über Anregungen zum Programm und schätzen Hinweise auf Fehler im Buch, sollten uns welche unterlaufen sein. Falls Sie regelmäßig Informationen über die aktuellen Titel im Bereich Natur & Garten erhalten möchten, folgen Sie uns über Social Media oder bleiben Sie via Newsletter auf dem neuesten Stand.

www.haupt.ch

Einleitung

Wanderungen zu alten Bäumen? Natürlich! Sie kommen ja nicht zu uns. Wenn man sie sehen will, muss man zu ihnen hingehen. Bäume wandern nicht.

Bäume verschicken auch keine Einladungen. Ihre Einladung an uns zeigt sich im Frühling, wenn sie in Blüte stehen, im Herbst im bunten Kleid, oder indem sie durch ihre Grösse oder eine eigenwillige Form auf sich aufmerksam machen. Wenn man sich Zeit nimmt für sie, kann man ihren Geschichten «zuhören».

Bäume gehen untereinander Bindungen ein, und zwar nicht nur von Baum zu Baum, sondern über ein Beziehungsnetz, in welchem andere Pflanzen und auch der Standort eine grosse Rolle spielen. Pilze und Bäume «arbeiten zusammen», nicht weil sie einander besonders schätzen, sondern weil beide davon profitieren, wenn es beiden gut geht. Und weil alles mit allem zusammenhängt: Bäume suchen sich ihre Nahrung nicht in der Weise, wie Tiere dies tun, welche solange ihre Umgebung absuchen, bis sie das Passende gefunden haben. Sie sind darauf angewiesen, mit dem klarzukommen, was an ihrem Standort zur Verfügung steht. Die Standorttreue verlangt von den Bäumen daher ein grosses Mass an Anpassungsfähigkeit. Ihr Ziel ist es, sich ihrer Natur gemäss, unter manchmal auch nicht optimalen Voraussetzungen, durch Kooperation und Konkurrenz das Beste für sich herauszuholen.

In meiner beruflichen Tätigkeit als Werklehrer bin ich mit Holz, mit Bäumen in Berührung gekommen. Sie haben mich nicht mehr losgelassen. Fasziniert bin ich nicht nur von ihrem Erscheinungsbild, sondern auch von ihrem immensen Farbenreichtum. Ein Baum ist ja nicht nur einfach meistens grün oder braun; nein, die Farbenvielfalt ist wesentlich grösser. Das Erstaunen darüber löste bei mir einen grossen Respekt vor diesen Lebewesen aus. Jeder Baum ist ein Individuum.

Wenn man an Bäume denkt, so hat man in der Regel ein bestimmtes Bild von einem «Baum» vor Augen: mit einem Stamm, mit Ästen und mit Blättern. Die Eiche und die Buche passen da ganz gut in dieses Schema. Treffen wir jedoch auf einen Baum mit mehreren Stämmen oder sogar auf Palmen oder baumartige Kakteen, so wird es schwieriger. Bei den einstämmigen australischen Grasbäumen mit einem Schopf aus grasartigen Blättern oder den Welwitschien im südlichen Afrika, die über den ganzen Zeitraum ihres Lebens – sie können bis 2000 Jahre alt werden – nur zwei Blätter bilden, versagt das oben genannte Schema komplett.

Bäume und Menschen lebten immer schon in einer symbiotischen Beziehung. Bäume boten uns Schutz und versorgten uns durch ihre vielen essbaren Früchte, Blätter, Blüten und Wurzeln mit Nahrung. Das Holz diente den Menschen für Werkzeuge, Waffen und Spielsachen und als Material für den Bau von Häusern, Zäunen, Schiffen und Brücken. Sie lieferten auch den Brennstoff für das Feuer, den Motor der menschlichen Zivilisation.

In jedem Land, in jeder Kultur finden sich unzählige Bräuche, in deren Zentrum Bäume stehen. Sie werden als Zeichen und Ausdruck der Freude und der Trauer gepflanzt. Sie sind Zeichen der Geburt und des Todes. Sie tragen Weisheit und Narrentum in sich. Auch spielen sie eine grosse Rolle in der Mythologie: Wir kennen den Weltenbaum Yggdrasil, der bei den Germanen durch die Esche symbolisiert wird. Bäume sind nicht nur Naturschönheiten, manche haben eine Kulturgeschichte und spielen eine Rolle in der volkskundlichen Tradition. So ist der Brauch des Eierlesens in Effingen (Kanton Aargau) bis heute lebendig geblieben: Dabei geht es um einen Wettkampf zwischen zwei Lagern; den Grünen, die für den Frühling stehen, und den Dürren, die den Winter darstellen. Die Dürren –

«Straumuni», «Hobelspänler», «Schnäggehüsler» und «der Alte und die Alti» genannt – stehen im Wettstreit gegen den «Tannästler», den «Stechpälmler», den «Jasschärtler» und das «Hochzeitspaar», also gegen den grünen Wald. Der Wettstreit besteht darin, dass ein Läufer die an der Strasse ausgelegten Eier auflesen muss und ein Reiter ins Nachbardorf unterwegs ist. Der Frühling gewinnt immer.

Bäume hatten es nicht immer leicht: Die Römer legten die heiligen Haine der Helvetier um und die ersten christlichen Missionare fällten die Bäume unserer alemannischen Vorfahren. Bäume sind eben keine stummen Lebewesen, was in ihrer animistischen Volksverehrung ersichtlich wird. Es ist noch nicht 200 Jahre her, als man Bäume vor dem Fällen um Erlaubnis und Verzeihung bat. Und seit einiger Zeit kommt auf sie eine neue Herausforderung zu: Bäume pflanzen gegen den Klimawandel. Hilft das dem Klima? Die Frage ist gar nicht so einfach zu beantworten und die Fachleute sind sich darüber auch nicht einig. Wenn man ihn lässt, wächst der Wald von selbst. Wo keiner wächst, ist es zu steinig, zu moorig, zu trocken, oder die Landwirtschaft hat den Boden für sich in Anspruch genommen. Die Waldfläche in der Schweiz nimmt vor allem im Alpengebiet zu. Das ist nicht nur positiv, da dabei eine über Jahrhunderte entstandene Kulturlandschaft mit einer grossen Artenvielfalt verschwindet. Wenn wir den Wald einfach wachsen lassen würden, könnte er mehr CO_2 speichern. Das stimmt aber nur vorübergehend, denn je älter der Wald wird, umso mehr Bäume sterben ab und geben den Kohlenstoff wieder frei. Eine Lösung könnte wohl sein, die Nutzung mittelfristig etwas einzuschränken. Angesichts der schwer vorhersagbaren Zukunft auf einen Mischwald zu setzen, ist sicher gut. Ebenso wird eine lebendige Land-

schaft mit Bäumen und Hecken dem Klima nützen. Das Wichtigste aber wäre die Erhaltung der heute noch bestehenden Wälder. Noch besser wäre eine Reduktion der Emissionen.

Mit meinem Buch möchte ich zur Wahrnehmung der alten Bäume anregen, einer persönlichen Auswahl. Es gibt (zum Glück) noch (viel) mehr alte Riesen, die auch einen Besuch verdient hätten. Anhand der Texte und der Karten sind die Bäume leicht zu finden. Die Wanderungen folgen den offiziellen Wanderwegen. Bei den wenigen Ausnahmen, wo dies nicht der Fall ist, wird dies

> «Mich dünkt, dass in dem Moment, da meine Beine sich zu bewegen beginnen, auch meine Gedanken zu fliessen anfangen, als hätte ich dem Fluss an seinem unteren Ende freien Lauf verschafft, und demzufolge flössen an seinem oberen Ende neue Quellen in ihn ein»
> *Henry D. Thoreau, Tagebuch III*

im Text explizit vermerkt. Im Schwierigkeitsgrad gemäss der SAC-Wanderskala, die von T1 (Wandern) bis T6 (schwieriges Alpinwandern) reicht, bewegen sich die hier präsentierten Wanderungen im Bereich T1 (gelb markierte Wanderwege ohne grosse Anforderungen) bis T2 (rot/weiss/rot markierte Bergwanderwege, bei denen gute Trittsicherheit erforderlich ist). Eine Ausnahme bildet die Wanderung ins Valle di Moleno, die der Autor als T3 – also als anspruchsvolle Bergwanderung – beurteilen würde, da ein paar ausgesetzte Stellen zu überwinden sind.

Es gehört zum Besonderen des «zu-Fussgehens», dass man viel von der Umgebung mitbekommt, dass man Zeit hat, sich über das Gesehene und Erfahrene Gedanken zu machen. Auch neben den Bäumen gibt es auf den vorgestellten Wanderungen viel zu sehen und zu erleben. Ich habe versucht, in meinem Buch darauf zu verweisen und auf weitere Entdeckungen Lust zu machen.

Abies alba
Sapin blanc
Vuargne

Die Tannen in Joux de la Limasse

Hoch über Baulmes und der weiten Ebene zwischen Yverdon-les-Bains und Orbe – der Blick geht darüber hinaus bis in die Waadtländer- und Savoyer-Alpen mit der Pyramide des Mt. Blanc – hält das Züglein von Yverdon-les-Bains nach Sainte-Croix an der Haltestelle Trois Villes. Auf gut ausgeschildertem Wanderweg machen wir uns durch schattigen Wald auf den Weg zur 350 Meter höher gelegenen Wytweide des Mont de Baulmes. Auf der Hochfläche angekommen, sehen wir etwa 100 Meter östlich der beiden Wochenendhäuser die abgestorbenen Überreste einer gewaltigen mehrstämmigen Fichte, deren dürren Äste gespenstisch in den Himmel ragen. Etwas weiter nördlich, nahe einer Stromleitung, fällt uns eine dreistämmige Tanne auf, die es auf einen Brusthöhenumfang von fast 5,5 Meter bringt.

Auf der Krete wenden wir uns dann westwärts und erreichen bald das Restaurant auf Mont de Baulmes d'en Haut. Die gemütliche Beiz mit weitem Blick zum Chasseron und auf den Neuenburgersee ist täglich von Mai bis Oktober geöffnet. Auf unserem weiteren Weg biegen wir in eine wunderschöne Allee ein, die hauptsächlich aus Bergahornen, aber auch einzelnen Eschen, Buchen und einem Mehlbeerbaum besteht. Junge Bäume zeugen davon, dass der Allee Sorge getragen wird. Die Allee führt leicht ansteigend zu einer Plattform, fast wie zu einem Sprungbrett, die uns einen uneingeschränkten Ausblick auf die Alpenkette gewährt. Der Aussichtspunkt, auch unter dem Namen «Table ronde» bekannt, wurde 1876 von der Société du Musée de Sainte-Croix eingerichtet, zeitgleich mit der Pflanzung der Alleebäume, die den Weg zu ihm säumen.

Wir wandern westwärts über die Aiguilles de Baulmes und kommen bald zur Abzweigung nach Grange Neuve. Entlang der

Krete, meistens leicht ansteigend, gehen wir weiter. Die waldlosen vorspringenden Kalk-Nadeln erlauben immer wieder einen Zwischenhalt mit fantastischen Tief- und Weitblicken. Der höchste Punkt der Felsnadeln – auf Französisch «Aiguilles» genannt – ist mit einem Gipfelkreuz versehen und bald erreicht. Von hier aus geht es auf der Nordseite steil hinunter zur Passstrasse über den Col de l'Aiguillon.

Ihr folgen wir abwärts bis zur Forsthütte Refuge de la Joux bei Pt. 1229, ganz nahe an der Grenze zu Frankreich. Der Name des Waldes, Joux de la Limasse, weist auf das lateinische Limes, Grenze, hin. Sitzbänke und Feuerstelle laden zu einer Rast ein. Ein Wegweiser macht uns auf den Sentier des Géants, den Weg zu den grossen Tannen aufmerksam. Die umfangreichste Tanne – eine prima inter pares – ist mit einer Tafel gekennzeichnet, auf welcher ihre Wuchsfortschritte

verzeichnet sind. 1966 hatte sie einen Brusthöhenumfang von 3,86 m, der bis 2006 auf 4,56 m angewachsen ist und aktuell bei 4,69 m liegt. Die heutigen Riesentannen wuchsen – was fast paradox anmutet – in der Zeit der grossen industriellen Nutzung am Ende des 18. Jahrhunderts heran. Es wurde damals auch hier viel Holz geschlagen um die Hochöfen ennet der Grenze im französischen Les Fourgs (frz. four = Ofen) zu versorgen. Die Tannenriesen, die wir entlang des Sentier des Géants bewundern können, hatten jedoch das Glück, diesem Schicksal zu entgehen.

Abb. 1: Tanne im Aufstieg zum Mont de Baulmes
Abb. 2: Bergföhren auf den Aiguilles de Baulmes
Abb. 3: Allee auf Mont de Baulmes d'en Haut

Zurück bei der Refuge folgen wir wieder der Passstrasse aufwärts. Auf der Passhöhe angekommen, biegen wir um die eindrückliche Felsnase der Aiguilles de Baulmes herum und queren die Wiese Richtung Grange Neuve. Auf der Geländekuppe neben einem Haus treffen wir zuerst auf eine markante Tanne, deren hohler geschwächter Hauptstamm zwar in ca. sieben Metern Höhe abgebrochen ist, die aber einen eindrücklichen und vollkommen intakten Seitenast hat. Ein merkwürdiges Bild! Südlich der Fahrstrasse kommen wir anschliessend zu einer Tanne mit dickem zweiteiligem Hauptstamm, der mit einem Brusthöhenumfang von sechs Metern ostseitig hohl ist. Ein beeindruckender Baum, den man hier gar nicht erwarten würde. Er ist in der Liste der «arbres remarquables» der Gemeinde Baulmes aufgeführt.

Nach Grange Neuve, einer Alpwirtschaft, geöffnet in der Alpsaison, beginnt der Aufstieg zum Le Suchet. Schön ist es hier Ende April, wenn die Wiesen mit Schlüsselblumen und Krokussen bedeckt sind und noch letzte Schneereste am Nordhang liegen. Nordwärts blicken wir über endlose waldbedeckte Hügel Richtung Frankreich. Der Wald verschwimmt in der Weite mit dem Horizont, unsere Fantasie geht weiter über die Franche Comté hinaus in die Ebenen des Burgunds. Dann auf dem Gipfel des Le Suchet angekommen, hat man einen phänomenalen Ausblick über die Orbe-Ebene von den Berner Alpen bis zu den Savoyer Alpen mit dem Mt. Blanc. Unterhalb des «Chalet du Suchet», der Alpwirtschaft, täglich geöffnet von Mai bis Oktober, nehmen wir den Wanderweg Richtung La Mathoulaz. Sobald wir bei Le Rez den Wald verlassen, finden wir neben einer Riesentanne ein Alpgebäude. Westwärts schliesst eine Weidemauer mit beeindruckend geformten uralten Weidebuchen und Bergahornen das Gelände ab. Unser Baum-Herz schlägt höher bei diesem Anblick!

Abb. 4: «Sapin président» – die grösste Tanne am Sentier des Géants
Abb. 5: Tanne bei Le Rez
Abb. 6: Weidemauer mit Buchen und Bergahornen bei Le Rez
Abb. 7: Tanne südlich Les Praz
Abb. 8: Tanne nahe Montagne Devant, eine Kandelabertanne mit vier starken Ästen. In einer Astgabel hat sich ein Vogelbeerbaum eingenistet.

Eine Stromleitung führt von hier aus westwärts. Wir folgen ihr und erreichen nach einem Mauerdurchlass einen Grasweg, wo wir auf ein veritables Kleinod treffen: Starke Tannen und Buchen, einzeln oder in Gruppen sowie einige Bergahorne bilden die Weidelandschaft «Petit Chalet», eine Landschaft, die alle Sinne anspricht und wie sie nur selten anzutreffen ist. Bei einer riesigen doppelstämmigen Tanne wandern wir nun parallel zur Fahrstrasse, etwa auf der Höhenkurve bleibend, bis zu einem Stall bei Montagne Devant (Pt. 1277).

Von hier ist es nicht mehr weit bis zur nächsten Zwischenstation La Languetine. Vor dem Alpgebäude treffen wir auf einen alten Bergahorn, zwei weitere stehen in der Ebene. Der urig aussehende, mit Moos überwachsene Baum ist ein Prachtsexemplar. Höhlungen, Öffnungen und Buckel bilden einen knorzigen, eigentümlich geformten Stamm.

Unten auf der Fahrstrasse angekommen, wenden wir uns zurück Richtung Montagne Devant, nehmen die erste Abzweigung rechts und gelangen dann zum Wanderweg hinunter nach Lignerolle. In grosszügigen Kehren führt der Forstweg über die 500 Höhenmeter hinunter ins Dorf. Der Bus bringt uns zurück nach Orbe.

KURZINFORMATIONEN

Ausgangspunkt *Haltestelle «Trois Villes» an der Strecke Yverdon-les-Bains–Sainte-Croix, Fahrplanfeld 212.*
Endpunkt *Lignerolle, Bushaltestelle L'Eglise. Von Lignerolle mit dem Bus zurück nach Orbe, wenige Kurse Mo–Fr, Sa und So nur Rufbus PubliCar, 0800 60 30 60, Zuschlag CHF 5.–, Fahrplanfeld 10.685. Von Orbe mit der Bahn nach Chavornay an der Linie Yverdon–Lausanne, Fahrplanfeld 211, dort umsteigen. Lausanne–Yverdon, Fahrplanfeld 210.*
Gehzeiten
• *Haltestelle Trois Villes–Mont de Baulmes d'en Haut, Restaurant: 1 h*

Abb. 9: Bergahorn beim Hof La Languetine

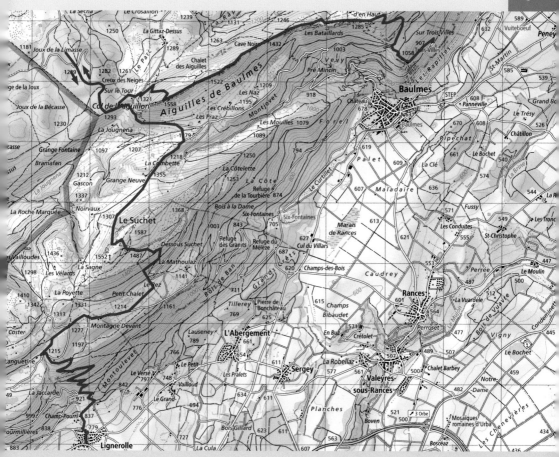

- Mont de Baulmes d'en Haut–Aiguilles de Baulmes–Col de l'Aiguillon: 1 h 25 min
- Abstecher zu den Tannen in Joux de la Limasse, Sentier des Géants: + 1 h
- Col de l'Aiguillon–Tannen bei Les Praz–Grange Neuve–Le Suchet: 55 min
- Le Suchet–Chalet du Suchet–Le Rez–Weidelandschaft «Petit Chalet»–Montagne Devant–La Languetine: 1 h 10 min
- La Languetine–Lignerolle: 40 min
- Variante: Von La Languetine über La Bessonne nach Ballaigues: 1 h 20 min

Kartenmaterial

LK 1:25 000 Ste-Croix, Nr. 1182 und Orbe, Nr. 1202

Charakteristik

Lange Wanderung über stille Jurahöhen.

Interessante Bäume, ein Muss für Baumfreundinnen und -freunde: Die Weisstannen bei der Refuge de la Joux und bei Les Praz sowie die Weidelandschaft «Petit Chalet» sind eine (auch längere) Anreise unbedingt wert. Der Ausblick vom Gipfel des Le Suchet ist phänomenal.

Die Gemeinde Baulmes erhielt 2015 den Binding-Waldpreis für ihren vorbildlichen Schutz der Baumriesen in ihren Waldungen und auf den Wytweiden. Gewürdigt wurde die «wegweisende und respektvolle Haltung des Dorfes gegenüber sehr alten Bäumen». Schon 1966 hatte die Gemeinde einige besonders bemerkenswerte Bäume mit hohem ökologischem Wert gekennzeichnet und von der Nutzung ausgenommen.

2 | Von Les Breuleux nach La Ferrière (JU/BE)

Über die Waldweiden der Freiberge; Fichten und Bergahorne, viel Landschaft und viel Ruhe

Unterwegs in der Weidelandschaft der Freiberge

Das Dorf Les Breuleux, zu Deutsch «Brandisholz» ist unser Startpunkt. Westwärts wandern wir zum Dorf hinaus, und erreichen bald darauf schon die Waldweide, auf der einzelne Fichten, die als Schattenbäume dienen, stehen gelassen worden sind und heute eine reizvolle Parklandschaft bilden, die immer wieder fasziniert und guttut.

Ein Stück weiter wird der Wald dichter, öffnet sich dann wieder. Erneut wandern wir durch die Parklandschaft, manchmal begrenzt durch Zäune, ab und zu treffen wir auf weidende Tiere. Ein paar dicke Weisstannen stehen ebenfalls am Weg. Hauptsächlich treffen wir aber Fichten an, die zum Teil enorme Umfänge und Höhen erreichen. Die Weisstannen erkennen wir an den rundlichen, nestartig abgeplatteten Wipfeln, dem sogenannten «Storchennest», wohingegen die Wipfel der Fichten spitz zulaufen. Das relativ kühle Klima hier – während der ganzen Wanderung bewegen wir uns stets auf über 1000 m ü. M. – ermöglicht nur eine kurze Vegetationsperiode, was sich auch an den dichten Jahrringen der gefällten Bäume ablesen lässt. Ein weiteres Merkmal der Landschaft ist, dass wir keinen einzigen Bach antreffen oder queren. Durch den Jurakalk versickert das Wasser hier und tritt als Quelle am Rand der Hochfläche wieder

zutage. Der am nächsten gelegene Fluss im Norden ist der Doubs, im Süden die Suze im Vallon de St-Imier.

Nach dem ersten Gehöft mit dem (Ende Mai noch) blühenden Weissdorn und dem grossen Bergahorn hinter dem Haus kommen wir zum Hotel/Restaurant Beau Séjour. Hier verlassen wir den Wanderweg und gehen zur Combe à la Biche (zu Deutsch Hirschkuh) an der Fahrstrasse zum Mont Soleil. Ganz in der Nähe des Ziels stehen zwei grosse Bergahorne, der eine mit einem in den Stamm eingewachsenen Wanderwegzeichen. Wer hier im Restaurant einkehren will, ist immer willkommen. Auf unserem Weg durch die Combe à la Biche kommen wir an einem alten Jurahaus von 1654 vorbei, die «Ferme du Bonheur». Der Name passt zum schönen Ort. Von hier aus gehen wir weiter bis zur Kreuzung mit dem Wanderweg, der in Nord-Süd-Richtung verläuft.

Jetzt folgt ein kurzer Anstieg bis L'Assesseur. Anschliessend queren wir wunderschönes Waldweidegebiet mit vereinzelten Bergahornen. Das schönste Exemplar weist aktuell einen Brusthöhenumfang von beachtlichen 4,70 Metern auf. Etwas weiter, beim Hof Les Pruats, treffen wir linkerhand auf einen alten Vogelbeerbaum, dessen schon arg mitgenommenen Stamm junge Äste seitwärts entwachsen. Vogelbeerbäume, auch Eberesche genannt, werden 80, in seltenen Fällen über 100 Jahre alt. Die Bezeichnung «Eberesche» erinnert an die

Abb. 1: Die Wipfel der Fichten laufen spitz zu, jene der Weisstannen rundlich.
Abb. 2: Combe à la Biche. Reihen von Bergahornen trennen die Grundstücke ab und bieten den Weidetieren Schutz und Unterstand.
Abb. 3: Ferme du Bonheur!
Abb. 4: Vogelbeerbaum in Les Pruats
Abb. 5: Buche und Fichte, zusammen zum Licht

eschenähnlichen Blätter, wobei mit «Eber» hier nicht ein männliches Schwein gemeint ist, sondern von «aber» = falsch (wie z. B. in «Aberglaube») kommt. Die Früchte der Eberesche werden nach dem ersten Frost von Vögeln gesammelt, die dann auch gleich – nach einem kurzen Aufenthalt in ihrem Magen – für die Verbreitung sorgen. In Volksglauben und -medizin spielte die Eberesche eine wichtige Rolle; noch heute ist das Holz für Drechselarbeiten begehrt.

Nach Gros Verron durchwandern wir nochmals eine Waldweide. Hier treffen wir auf eine Buche und eine Fichte, deren Stämme eng zusammengewachsen sind. Schon in frühester Jugend nahe nebeneinander, ha-

hang der Combe du Pélu. So kommen wir unserem Ziel La Ferrière näher. Wenn wir uns dem Hof Sous les Plânes nähern, fallen sofort die beiden Bergahorne auf. Der rechtsstehende, jüngere und etwas höher gewachsene sieht aus wie ein Bergahorn in seiner typischen Form; so wie wir sie etwa aus dem Chasseralgebiet kennen. Der linksstehende ältere Baum ist ein beeindruckendes archaisches, im Stamm zweigeteiltes «Ungetüm». Es wurde hier vor Jahrhunderten als Schutz- und Wächterbaum gepflanzt, ein wahres Monument. Die beiden bilden ein eindrückliches Gespann, wie wir es in der Schweiz kaum andernorts antreffen.

Wanderwegzeichen führen uns zum Abschluss der Wanderung an den Bahnhof von La Ferrière.

ben sie aus ihrer ortsgebundenen Situation das Beste gemacht und streben zusammen zum Licht.

Anschliessend kommen wir zum Hotel/Restaurant Chaux-d'Abel und wechseln später wieder auf den mit «Erguel Bike 843» beschilderten Mountainbikeweg auf den Süd-

Abb. 6: Die beiden Bergahorne beim Gehöft Sous les Plânes bilden ein beeindruckendes Duo.

Abb. 7: Der ältere Bergahorn bei Sous les Plânes mit der grossen Stammhöhlung

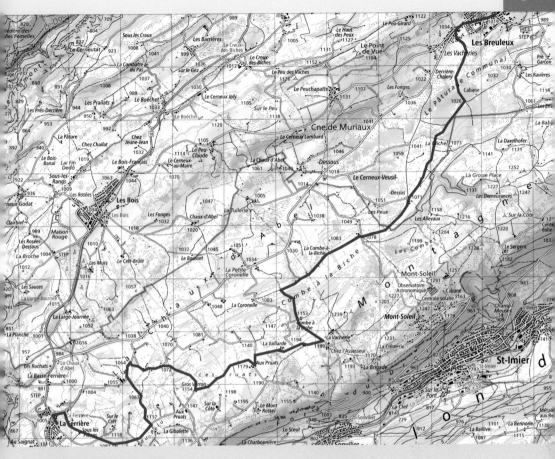

KURZINFORMATIONEN

Ausgangspunkt

Les Breuleux, Bahnhof. Mit dem Zug von (Biel –)Tavannes nach Les Breuleux, Fahrplanfeld 237.

Endpunkt

La Ferrière, Bahnhof. Mit dem Zug von La Ferrière nach La Chaux-de-Fonds (–Neuchâtel) oder nach Saignelégier–Glovelier (–Delémont), Fahrplanfeld 236. In Le Noirmont Anschluss nach Les Breuleux–Tramelan–Tavannes, Fahrplanfeld 237.

Gehzeiten

- *Les Breuleux–Le Cerneux-Veusil-Dessus–Combe à la Biche (Restaurant): 1 h 25 min*
- *Combe à la Biche–Wanderwegkreuzung Pt. 1073–L'Assesseur (Hotel/Restaurant): 35 min*

- *L'Assesseur–Pt. 1191–Les Pruats–Gros Verron–Pt. 1072–Combe du Pélu–Sous les Plânes–La Ferrière, Bahnhof: 2 h*

Kartenmaterial

LK 1:25 000 Les Bois, Nr. 1124

Charakteristik

Wenig Höhenunterschiede, kurzer Anstieg aus der Combe à la Biche bis L'Assesseur.

Einkehr- und Übernachtungsmöglichkeiten

- *Restaurant Combe à la Biche; www.buvettes-alpage.ch*
- *Auberge Mont Soleil Chez l'Assesseur, gemütliche Gartenterrasse mit Blick auf den Chasseral; www.montsoleil.ch*
- *Hotel de la Chaux-d'Abel www.hotellachauxdabel.ch*
- *Hotel/Restaurant Logis de la Licorne in La Ferrière: www.logis-de-la-licorne.ch*

3 | La Baroche/Ajoie (JU)

Obstbaumgärten und Damaszener-Pflaumen

Damaszenerpflaumenbäume in
langen, dichten Reihen in Fregiécourt

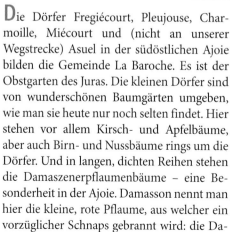

Die Dörfer Fregiécourt, Pleujouse, Charmoille, Miécourt und (nicht an unserer Wegstrecke) Asuel in der südöstlichen Ajoie bilden die Gemeinde La Baroche. Es ist der Obstgarten des Juras. Die kleinen Dörfer sind von wunderschönen Baumgärten umgeben, wie man sie heute nur noch selten findet. Hier stehen vor allem Kirsch- und Apfelbäume, aber auch Birn- und Nussbäume rings um die Dörfer. Und in langen, dichten Reihen stehen die Damaszenerpflaumenbäume – eine Besonderheit in der Ajoie. Damasson nennt man hier die kleine, rote Pflaume, aus welcher ein vorzüglicher Schnaps gebrannt wird: die Da-

massine. Ihr Ursprung ist unbekannt, die Legende berichtet aber, dass die Kreuzritter die Pflaume von einem ihrer Züge aus der syrischen Hauptstadt Damaskus mitbrachten – so legt es ja auch ihr Name nahe. Die Pflaumen werden nicht gepflückt, sondern vom Boden in riesigen ausgebreiteten Netzen aufgelesen. Es werden somit nur reife Früchte verarbeitet, vornehmlich für Wähen, Konfitüre oder als hauptsächlichster Verwendungszweck die Vergärung zu Alkohol.

Eine Besonderheit des Gebiets ist auch das Vorkommen des Steinkauzes. Dieser seltene kleine Vogel ist auf alte Hoch-

stamm-Obstbäume mit Höhlen angewiesen, in denen er sein Nest einrichten kann. In den Baumgärten hier findet er diese Bäume noch. Die intensive Landwirtschaft der letzten Jahrzehnte setzte aber auch ihm zu. Die «Gemeinschaft Steinkauz Ajoie» versucht hier helfend einzugreifen: Mit Nistkästen werden Wohnmöglichkeiten geschaffen: alte Obst- und Nussbäume sollen stehen gelassen werden und wenn möglich um sie herum Gestrüpp wuchern, in welchem Kleintiere sich verstecken können, von denen Steinkäuze sich ernähren. Zudem bieten auch Stein- und Holzhaufen den noch flugunfähigen Jungtieren – von denen nur etwa jedes fünfte überlebt – nach dem Verlassen des Nestes Schutz vor Raubtieren.

Diese weite, offene Landschaft mit den wunderschönen Baumgärten erleben wir auf dieser Wanderung. Wir verlassen den Bus in Fregiécourt, Place La Baroche, gehen ca. 300 Meter auf der Hauptstrasse zurück und zweigen dann südwärts in eine Nebenstrasse ein, die durch Baumgärten zum Schützenhaus hinaufführt. Linkerhand stehen die ersten Damaszenerpflaumenbäume in Reih und Glied. Weiter links dem Waldrand entlang folgen weitere ausgedehnte Anlagen. Auf dem Wanderweg geht es ins Dorf hinunter und dann rechts auf schmalem Fussweg entlang der Fahrstrasse nach Pleujouse. Bei der Bushaltestelle «Bas du village» steigen wir hinauf zur Schlossruine. Rechts im Tal, das nach Asuel hinaufführt, steht ein besonders dichter Bestand an Pflaumenbäumen. Der Wanderweg bringt uns weiter Richtung Charmoille. Bei der grossen doppelstämmigen Eiche wählen wir den Weg nach rechts bis ins Dorf hinunter.

Neben dem Platz mit dem grossen Brunnenbecken finden wir, nahe an einer Hausmauer stehend, einen 80- bis 100-jährigen Quittenbaum. Er ist hier an einem geschützten Platz, sind doch Quittenbäume wärmeliebend und reagieren auf Frost empfindlicher als Apfel- und Birnbäume. Bei diesem alten Exemplar beobachten wir auch, wie sich der Stamm immer stärker in einzelne Stränge aufteilt, die das hohle Innere kreisförmig umgeben.

Abb. 1: Damaszenerpflaumenbäume in langen, dichten Reihen in Fregiécourt
Abb. 2: Baumgärten in Fregiécourt
Abb. 3: Baumgärten in Fregiécourt, im Obstgarten des Juras
Abb. 4: Doppelstämmige Eiche am Weg von Pleujouse nach Charmoille
Abb. 5: Uralter Quittenbaum in Charmoille

Weiter geht es nach «La Finatte». Ein Nussbaum und zwei alte Kirschbäume, leider verdorrt und im Absterben begriffen, werden hier stehen gelassen. Das ist enorm wichtig für den Erhalt der biologischen Vielfalt in dieser Landschaft. Junge Bäume weisen eine weniger grosse Artenvielfalt auf als alte, knorrige oder gar absterbende Bäume. Für viele ökologische Prozesse und den natürlichen Kreislauf von Wachsen und Vergehen ist Totholz unabdingbar; so etwa für Pilze, Flechten, Moose und Insekten. Darum ist es dem Eigentümer der betreffenden Bäume hoch anzurechnen, wenn er nicht gleich zur Motorsäge greift.

In Charmoille beim Friedhof treffen wir wieder auf den Wanderweg. Wir folgen ihm über den Mont de Miserez durch schattigen Wald bis ins Zentrum von Miécourt, Hotel-Restaurant «de la Cigogne»; die Bushaltestelle finden wir später ganz in der Nähe.

Abb. 6: Charmoille, umgeben von Baumgärten
Abb. 7: Alte Bäume bei «La Finatte» nahe Charmoille

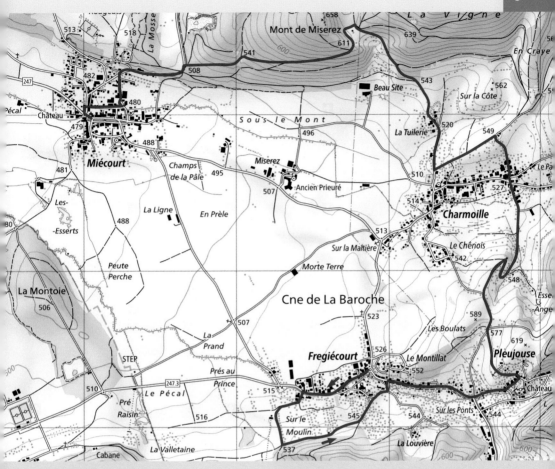

KURZINFORMATIONEN

Ausgangspunkt

Fregiécourt. Mit dem Zug nach Courgenay an der Linie Delémont–St-Ursanne–Porrentruy, Fahrplanfeld 240. Mit dem Bus von Courgenay nach Fregiécourt, Fahrplanfeld 22.176, gute Verbindungen werktags, samstags acht Kurse, sonntags vier Kurse.

Endpunkt

Miécourt. Mit dem Bus von Miécourt nach Porrentruy, Fahrplanfeld 22.176, gute Verbindungen werktags, samstags acht Kurse, sonntags zwei Kurse.

Gehzeiten

Eine «Beinahe-Rundwanderung»: Fregiécourt–Pleujouse–Charmoille–Mont de Miserez–Miécourt: 2 h

Kartenmaterial

LK 1: 25 000 St-Ursanne, Nr. 1085

Charakteristik

Wunderschöne, leichte Wanderung, ohne grosse Höhenunterschiede, im Frühling während der Kirschenblüte oder im Herbst.
- *Gemeinschaft Steinkauz Ajoie: www.chevecheajoie.com*
- *Hotel-Restaurant in Miécourt: www.cigogne-miecourt.ch*
- *In Porrentruy ist ein Obst- und Brennerei-museum neu eröffnet worden: www.overgersdajoie.ch Seit 2010 wird der Damassine mit dem AOC-Siegel verkauft.*

4 | Rundwanderung zum Etang des Royes.
Von Le Prédame nach Les Joux (JU)

Weidebuchen, Bergahorne, Fichten, eine Allee und viel Landschaft

Les Joux, eine der schönsten Alleen der Schweiz

Der Hauptanziehungspunkt der zum grossen Teil auf über 1000 m Höhe gelegenen, sanft gewellten Hochebene der Freiberge, ist die vielgestaltige Landschaft mit offenen Wytweiden, moorig-nassen Senken, Baumgruppen mit stämmigen Fichten und dichten Wäldern. Höhenrücken, von südwestlicher nach nordöstlicher Richtung verlaufend, Einzelhöfe und Weiler, abgetrennt und doch verbunden durch Trockenmauern ergänzen sich zu einer mannigfaltigen Struktur, in welcher klare Abgrenzung und Unregelmässigkeit sich nicht abstossen, sondern harmonisch berühren.

Wir starten in Le Prédame, einem Ortsteil von Les Genevez (erreichbar mit dem Bus von Tramelan). Über eine Waldweide suchen wir den Wanderweg Richtung Les Montbovats. Anfänglich etwas selten markiert, zieht er sich durch die reich gegliederte Landschaft. Bei einer doppelstämmigen Fichte neben einem Holzlager treten wir auf die Hochfläche um Les Montbovats hinaus.

Genau an dieser Stelle befindet sich eine Fichte, deren auffälliger Stammwuchs «Zwiesel» genannt wird. Dieser entsteht durch die Beschädigung des jungen Triebes oder ist Folge genetischer Defekte. Die Gabelung zwischen den beiden Stämmen ist eine Schwachstelle. Hier versucht der Baum möglichst viel Holz zu bilden, um ein Auseinanderbrechen zu verhindern. Entlang des beschriebenen Wanderweges werden wir noch weitere solche Bäume entdecken kön-

nen. Der Weg macht nun einen Bogen nach Norden und führt später westwärts durch ein kleines Tal zu den Gehöften von Les Rouges-Terres. Ein paar alte Eschen säumen den Weg und bei Pt. 973, an der Fahrstrasse nach Le Bémont, finden wir eine schöne Esche und daneben in einer leichten Senke ein Schwarzerlen-Wäldchen.

Der reine Schwarzerlen-Bestand in der Senke weist auf einen nassen Standort hin, braucht doch die Erle Wasser in Wurzelnähe. Aufgrund der Trockenlegung vieler Feuchtgebiete ist sie in letzter Zeit seltener geworden. Erlenholz ist im Wasser enorm beständig. Es kommt nicht von ungefähr, dass Venedig (nebst Eichen-) auf Erlen-Pfählen errichtet ist.

Der Etang des Royes ist der kleine Bruder des viel bekannteren Etang de la Gruère. Obwohl künstlich angelegt, ist er idyllisch in einer Senke gelegen. Sein Wasser hat die für Moorseen typische braune Farbe und ist mit feinen Torfstoffen durchsetzt. Zurück nach Rouges-Terres folgen wir der Fahrstrasse und kommen dabei an ein paar grossen Eschen vorbei. Beim Dorfausgang steht am Wegrand ein Steinkreuz, das von zwei Linden eingerahmt wird. Leider musste im letzten Jahr eine der beiden gefällt werden, was der Magie des Ortes nicht gut getan hat. Aus dem alten Stock spriesst aber schon wieder ein junges Bäumchen.

Durch ein Waldstück erreichen wir bald Le Petit Bois Derrière. Das gemütliche «Restaurant des Voyageurs» lädt zum Verweilen ein. Die gute Stimmung hier lässt uns etwas länger sitzen bleiben. Anschliessend wenden wir uns südwärts und kommen zum Hof La

Pâturatte. Noch weiter südlich, wo der Wanderweg nahe Pt. 1041 nach Le Gros Bois Derrière und den Etang de la Gruère abzweigt, finden wir im absteigenden Gelände, mit Blick nach Süden zum Montagne du Droit mit den Windrädern und mit Blick auf den Weiler Le Cernil, rechts entlang einer Weidemauer zwei wunderschöne Bergahorne und eine riesige Weidebuche.

Ein Bergahorn hat eine sehr weit ausladende Krone. Die Weidebuche, erkennbar an den vom Vieh abgefressenen unteren Ästen, ist ein sehr altes Exemplar; ein einmaliger Baum!

Abb. 1: Zwiesel einer Fichte
Abb. 2: Schwarzerlen-Wäldchen und Esche am Weg nach Le Bémont
Abb. 3: Der Etang des Royes
Abb. 4: Die zwei Linden am Dorfausgang von Les Rouges-Terres 2020
Abb. 5: Bild von Les Rouges-Terres 2019
Abb. 6: Weidebuche südlich La Pâturatte

Von hier begeben wir uns nun in eine der schönsten Alleen der Schweiz. Grösstenteils aus Bergahornen bestehend, darunter auch ein paar uralte Gesellen, zieht die Allee sich über einen Kilometer weit nordwärts. Bei Les Joux 2, wo drei alte Eschen den Weg zum Gehöft begleiten, wird die Allee kurz unterbrochen, weil die Strasse einen Bogen um das Gehöft macht. Die Allee ist eine «bäumige» Zierde der Landschaft und eine Rarität. Im Sommer spenden die Bäume Schatten, im Winter waren sie früher Wegweiser, wenn die Strassen unter dem Schnee nicht mehr auszumachen waren. Die Allee zieht uns an, entwickelt fast einen Sog, bringt uns «zum Gehen»: Wer möchte hier nicht durchgehen, geleitet durch die Bäume, links und rechts, neue vor sich sehend, andere hinter sich lassend?

Heute wird der Wert einer Allee als landschaftsgestaltendes Element sicher wieder vermehrt wahrgenommen. Auch in den Städten waren und sind sie ein wichtiges Erscheinungsbild; die Alleen lassen eine Strasse erst zur Avenue oder zur Promenade werden. Auch etwas Melancholisches ist ihnen (im Herbstkleid) eigen, schrieb doch Rilke in seinem berühmten Gedicht Herbsttag: «Wer jetzt allein ist, wird es lange bleiben, … und wird in den Alleen hin und her unruhig wandern, wenn die Blätter treiben».

Hinter dem Hof Les Joux Derrière 3 finden wir auf einer Weide den dicksten Bergahorn in der Gegend. Sein Stamm ist hohl. Er hat einen Umfang von über sieben Metern.

Zu unserem Ausgangspunkt Le Prédame ist es nicht mehr weit und mit einem Blick auf die Karte – deren Gebrauch wir für diese Wanderung unbedingt empfehlen – gut zu finden.

Nach diesem Baum-Abstecher geht es zum Hof La Pâturatte zurück, wo wir nach rechts abbiegen. Vor dem Hof Les Joux 1 bei Pt. 1015 fällt unser Blick auf einen riesigen Bergahorn auf der Weide. Vor lauter Begeisterung für die Bäume sollte man aber die Rinder hier nicht aus den Augen verlieren: Manchmal ist ein Stier mit imposanten Hörnern mit dabei, der ein allzu nahes Herantreten nicht ratsam macht.

Abb. 7: Bergahorn nahe Les Joux 1
Abb. 8: Allee Les Joux im Herbst
Abb. 9: Bergahorn nahe Les Joux Derrière 3

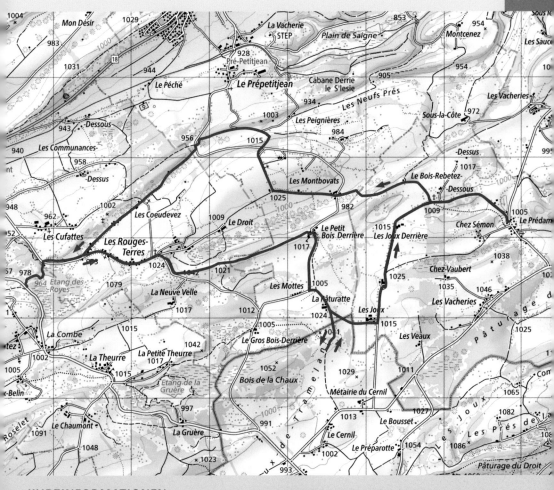

KURZINFORMATIONEN

Ausgangspunkt

Le Prédame, erreichbar mit der Bahn von
Tavannes nach Tramelan, Fahrplanfeld 237
und mit dem Bus von Tramelan nach Le
Prédame, Fahrplanfeld 22.133. Werktags
zehn Kurse, zwei am Samstag. Am Sonntag
PubliCar zwischen 8:30–12 h sowie 14–17 h,
Tel.: 0800 55 30 00. Unbedingt Fahrplan
beachten!

Endpunkt

Le Prédame. Verbindungen s. oben.

Gehzeiten

- Le Prédame–Les Montbovats–nördlich vorbei
  an Les Rouges-Terres–Etang des Royes:
  1 h 40 min

- Etang des Royes–Les Rouges-Terres–Restau-
  rant des Voyageurs in Le Petit Bois-Derrière–
  La Pâturatte: 1 h
- La Pâturatte–Abstecher zu den Riesen-
  bäumen oberhalb Le Cernil–zurück über
  La Pâturatte zum Hof Les Joux 1–Allee nach
  Les Joux 2 und bis Les Joux Derrière 3–zurück
  nach Le Prédame: 1 h 10 min

Kartenmaterial

LK 1: 25 000 Bellelay, Nr. 1105

Charakteristik

Eindrückliche Wanderung, wenig Höhenunterschiede, sehr viel Natur und Ruhe.

Einkehrmöglichkeiten

- Restaurant des Voyageurs Le Petit Bois-
  Derrière: www.voyageursboisderriere.ch

Bergahorne bei der Métairie du Milieu de Bienne

Unsere Jurawanderung starten wir an der Bushaltestelle in Orvin. Steil durch das Dorf hinauf folgen wir dem Wegweiser nach Les Prés-d'Orvin. Der Weg führt an zwei dicken Eichen vorbei, zuerst durch Wald, dann durch locker bestandenes Weidegebiet mit einigen alten Linden, knorrigen Eichen und Buchen. Immer ansteigend quert der Weg später die (Ferienhaus-)Streusiedlung Les Prés-d'Orvin; wir folgen dem Wegweiser auf den Chasseralgrat. Tritt der Wald zurück, gelangen wir in offenes Weidegebiet mit vielen Einzelbäumen. Der Mehlbeerbaum ist hier häufig anzutreffen. Auf der trockenen, kalkreichen und im Sommer sonnenverwöhnten Südseite hat er ideale Wuchsbedingungen. Die Früchte wurden früher gemahlen und mit Mehl vermischt zu einem Brot verarbeitet. Forstlich wird der Baum heute kaum mehr genutzt; höchstens als Bienenweide und als Parkbaum hat er eine gewisse Bedeutung. Wenn sich seine Blätter im Wind bewegen, leuchtet deren Unterseite hell auf.

Mit 1 288 m ü. M. erreichen wir auf dem Grat einen vorläufig höchsten Punkt auf dieser Wanderung. Jetzt gehen wir auf der Nordseite weiter Richtung Métairie de Gléresse. Schon nach Verlassen des Waldes erblicken wir südlich des Hofes auf der Weide einen Riesen-Bergahorn. Weitere stehen westlich; von einem ist nur noch ein Gerippe übriggeblieben. Wenn wir hinter dem Hof am Stall vorbei dem Grasweg folgen, kommen wir zu drei nahe beieinander stehenden Riesenbäumen. Einige weitere beeindruckende Bergahorne stehen auf der Weide westwärts: Ein richtiger Bergahorn-Park!

Die Bezeichnung «Métairie» trifft man im Chasseralgebiet häufig an. Sie stammt vom lateinischen medietas (die Hälfte), womit ein Bauernhof bezeichnet wird, dessen Pächter dem Eigentümer die Hälfte seines Ertrags abzuliefern hatte. Viele dieser Métairies sind nach ehemaligen oder heutigen Besitzern benannt, wie Burgergemeinden oder Patrizierfamilien.

Abb. 1: Mehlbeerbäume im Aufstieg von Les Prés-d'Orvin zum Chasseralgrat
Abb. 2: Bergahorne bei der Métairie de Gléresse
Abb. 3: Bergahorn am Weg zum Hof Petite Douanne
Abb. 4: Bergahorn mit zweigeteiltem Stamm am Weg zum Hof Petite Douanne

Der Weidemauer entlang nach links gehend kommen wir wieder auf den Wanderweg, der bei zwei Mauereingangstürmchen übers Gelände weiterführt. Vorbei an der Métairie le Bois Raiguel und durch ein Waldstück erreichen wir wieder eine parkähnliche Landschaft mit schönen Bergahornen. Beim kurzen Anstieg zur Métairie du Milieu de Bienne durchwandern wir einen weiteren Bergahorn-Park mit wunderschönen alten,

kräftigen Bäumen. Anschliessend führt der Weg abwärts zum Hof Petite Douanne. Unterwegs kommen wir an zwei besonderen Bergahornen vorbei: Der Erste weist einen markanten Stamm mit zwei verbliebenen dicken Ästen an der rechten Seite auf, der Zweite ist im Stamm geteilt, was auf den ersten Blick so aussieht, als ob es sich um zwei Bäume handeln würde. Zwei Baummonumente ohnegleichen! Von Petite Douanne aus lohnt sich ein Abstecher zur Creux de Glace, einer Gletscherhöhle im Jura. In der durch Wasser entstandenen Höhle findet sich das ganze Jahr über Eis. Deshalb wurde sie über

Jahrhunderte als natürlicher Kühlschrank genutzt. Auch im Sommer verbleibt die kalte Luft auf dem Höhlenboden; die tiefe Temperatur lässt das Schmelzwasser des Frühlings als Eis überdauern. Es ist nicht empfehlenswert, ohne Seilausrüstung in die Doline zu steigen. Wir geniessen den besonderen Ort und schalten eine längere Rast ein.

Nach Petite Douanne wandern wir oberhalb eines dritten Bergahorn-Gebiets weiter, kommen zu den Prés de Cortébert, ein intensiver bewirtschaftetes Gebiet, und erreichen schliesslich in einer Schlucht die Pont des Anabaptistes, die Täuferbrücke. Kurz vorher treffen wir bei einem Stallgebäude am Wegrand einen uralten Vogelbeerbaum. Wer hier unterwegs ist, entdeckt neben den Bergahornen auch weitere solche Besonderheiten.

Der Name des Durchgangs weist auf die ehemals recht zahlreichen Täufer auf den Berghöfen hin. In der Schlucht unter der Bogenbrücke hielten sie ihre geheimen Gottesdienste ab. Die alte Brücke existiert heute nicht mehr, aber nur einige Meter weiter wurde eine moderne Brücke errichtet. Wir erleben die enge Schlucht als Ort, der viel Energie ausstrahlt. Inschriften und Symbole in den Felswänden erinnern an die Täufer. Die Wiedertäufer, die die Erwachsenentaufe praktizieren, wurden schon seit dem Beginn der Reformation um 1525 verfolgt. Als die Berner Obrigkeit ihnen verbot, in Gebieten zu siedeln, die unter 1 000 m ü. M. liegen, liessen sie sich auf der Nordseite des Chasserals und auf dem Sonnenberg/Mont Soleil, welche zum Fürstbistum Basel gehörten, nieder und machten die Gegend urbar. Die Nachfahren dieser Vertriebenen betreiben heute noch hier Landwirtschaft.

Mit einer Stunde Marsch führt der Wanderweg über Weiden und durch Wald zur Bahnhaltestelle Corgémont. Schon unten im Dorf nahe der Brücke über die Suze steht eine riesige alte Linde. Wenige Bäume von dieser Grösse sind in der weiteren Umgebung anzutreffen.

Abb. 5: Creux de Glace, eine Gletscherhöhle im Jura
Abb. 6: Vogelbeerbaum am Weg zur Pont des Anabaptistes
Abb. 7: Die «Pont des Anabaptistes», die Täuferbrücke
Abb. 8: Linde in Corgémont, ein (bis jetzt) unbekannt gebliebener Baum.

KURZINFORMATIONEN

Ausgangspunkt

Orvin, mit dem Bus vom Bahnhof Biel nach Orvin, Fahrplanfeld 22.070-2, Ligne 70. Evtl. bis nach Les Prés-d'Orvin, Bellevue, erster Kurs dazu Biel ab 8:50 Uhr.

Endpunkt

Haltestelle Corgémont, mit der Bahn von Corgémont an der Linie La Chaux-de-Fonds–St-Imier–Biel zurück nach Biel, Fahrplanfeld 225

Gehzeiten

- *Orvin, Place du Village–Les Prés-d'Orvin–Chasseral-Grat, P. 1288: 2 h (Orvin–Les Prés d'Orvin: 1 h)*
- *Chasseral-Grat, P. 1288–Métairie de Gléresse–Métairie le Bois Raiguel–Métairie du Milieu de Bienne: 1 h*
- *Métairie du Milieu de Bienne–Petite Douanne: 25 min, Abstecher zu Creux de Glace: 20 min hin und zurück*
- *Petite Douanne–Prés de Cortébert–Pont des Anabaptistes: 1 h*
- *Pont des Anabaptistes–Corgémont, Bhf: 1 h*

Kartenmaterial

LK 1: 25 000 Chasseral, Nr. 1125

Tageswanderung *mit langem Aufstieg bis Chasseral-Grat P. 1288: 600 Höhenmeter von Orvin, 270 Höhenmeter von Les Prés-d'Orvin aus. Fernblick zu den Alpen. Nach rechts verdeckt der dem Chasseral vorgelagerte Mont Sujet/Spitzberg den Blick auf den Alpenbogen westlich der Jungfrau. Der Sendemast auf dem Chasseral ist nicht zu übersehen. Steiler Abstieg von 500 Höhemetern von Pont des Anabaptistes bis Corgémont.*

Einkehrmöglichkeiten

- *Métairie de Gléresse (Ligerz): www. metairiedegleresse.ch*

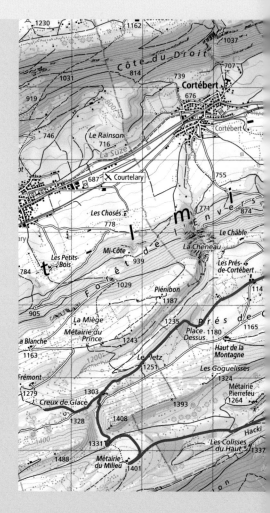

- *Métairie le Bois Raiguel (Rägiswald), geöffnet Mitte Mai bis Mitte Oktober www.metairie-du-bois-raiguel.ch*
- *Métairie du Milieu de Bienne: www.metairie. du.milieu.ch*
- *Métairie de la Petite Douanne (Twannbergli), geöffnet 15. Mai bis Ende Oktober*
- *Restaurant La Cuisinière, Les Prés de Cortébert: www.lacuisiniere.ch*

Links

- *www.jurabernois.ch u. a. für Chemin des Anabaptistes*
- *www.chasseral.ch*

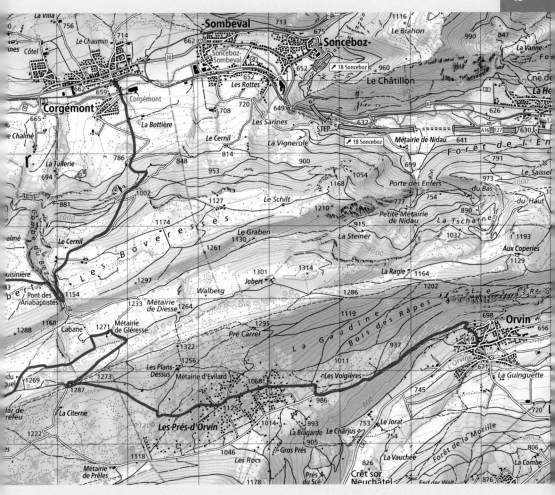

BERGAHORNWEIDEN

Bergahornweiden, eine traditionelle Kulturlandschaft, treffen wir im Chasseralgebiet auch bei der Métairie des Plânes, am Col des Pontins und weiter westlich bis zum Mont d'Amin an. Sie sind landschaftsprägend und weisen einen parkähnlichen Charakter auf. In den Alpen finden sich Bergahornweiden im Berner Oberland (Diemtigtal, Axalp, Reichenbachtal u. a.), im Kanton Glarus in Richisau und im Kanton Freiburg im Brecca- und Muscherenschlund. Entstanden sind die Bergahornweiden wahrscheinlich, weil die Bäume bei den Waldrodungen nicht umgehauen wurden. Der Bergahorn ist ja sehr vielfältig nutzbar: Die Blätter wurden als Streue in den Ställen oder als Viehfutter genutzt und auch das Holz wurde für Möbel oder Küchengeräte wie Teller oder Löffel gebraucht. Heute werden die Bäume kaum mehr landwirtschaftlich genutzt, sie dienen höchstens den Weidetieren noch als Schutz und Unterstand. Die mächtigen alten Bäume sind aber heute wichtiger denn je als «Augenweide» und Element in der Landschaft. Junge Bäume findet man aber leider selten. Bergahornweiden sind zudem der Lebensraum vieler, auch seltener und gefährdeter Arten, z. B. von Flechten und Moosen. Es ist daher wichtig, die Weiden zu pflegen.

6 | Montoz (BE)

Ruhe, Weite, Aussicht und uralte Weidebuchen

Uralte Buchenreihe entlang der Weidemauer,
Montagne de Sorvilier

La Heutte, das kleine Dorf am Südfuss des Montoz, ist der Ausgangspunkt unserer Wanderung; erstes Ziel ist zunächst die Métairie de Werdtberg auf dem Jurakamm. Als Métairie werden die (Pacht-) Gutshöfe auf den Jurahöhen bezeichnet; viele sind im Besitz von Gemeinden am Bielersee. Zwei Stunden gibt der Wanderwegweiser an, das ist aber grosszügig berechnet. Auf schattigem Weg durch Wald steigen wir an, beim Hof La Vanne nehmen wir die Abzweigung links, sie ist etwas kürzer. Dann erspähen wir oben das Restaurant La Werdtberg. Hier machen wir Rast in der gemütlich eingerichteten Gaststube oder auf der Terrasse mit der phänomenalen Aussicht auf die vor uns liegenden Juraketten und über das Berner Mittelland und zu den Alpen von den Churfirsten bis zum Mt. Blanc. Der weitere Weg steigt nicht mehr gross an, für die nächsten drei Stunden – und das macht den Reiz dieser Wanderung aus – wandern wir ostwärts über Juraweiden, vorbei an Einzelbäumen oder Baumgruppen, die der Landschaft einen parkähnlichen Charakter geben, durch Waldabschnitte, einmal hinter dem Kamm mit der Aussicht nordwärts bis zu den Vogesen, dann vorne, wo die Aussicht zu den Alpen wieder berauscht. Bei der Cabane CAS La Rochette sieht man sogar bis zum Weisshorn in den Walliser Alpen. Das habe ich bis anhin nicht für möglich gehalten.

Beim Hof La Cernie auf dem Montagne de Sorvilier treffen wir gleich unterhalb des Weges auf schöne Weidebuchen, der typische Baum auf den Jurahöhen.

Das älteste Exemplar dürfte wohl dasjenige unterhalb der Weidemauer sein (Abb. 2).

Etwa 600 Meter weiter queren wir eine Trockenmauer, die einem Baumgürtel entlangführt. Folgen wir der Mauer nach rechts, treffen wir auf wunderschöne Weidebuchen. Einzeln stehende Bäume mit viel Platz rundherum weisen oft eine typische kugelige Form auf. Da das Vieh auf den Weiden sich

nicht nur an Gras und Kräutern gütlich tut, sondern auch die Blätter und Triebe der jungen Buchen nicht verschmäht, wurden sie von allen Seiten her angefressen. Nach Jahrzehnten konnte ein starker Mitteltrieb – von den Tieren nicht mehr erreichbar – entstehen, der nun den Baum bildet, der aber weiterhin von unten her rundum ma(u)lträtiert wird. Es ist aber auch möglich, dass anstatt eines einzigen Mitteltriebes mehrere Stäm-

me aus einer Wurzel einen Baum bilden. Den alten dicken Bäumen hier, die Flechten und Moosen einen Lebensraum bieten, kann das Vieh nunmehr wenig(er) anhaben. Der Jungwuchs aber hat es ungleich schwerer. Jeder Baum hat seine eigene Geschichte. Die Bäume bilden wahre Monumente: mit nur noch einem Teil der Krone oder Stämme mit einem einzigen Ast, der noch grüne Blätter trägt (s. Bild 8). Bei einer moosüberdeckten Buche wächst hier sogar aus ihrem hohlen Stamm eine Esche. Die wild verschlungenen Stämme erstaunen und regen unsere Fantasie an. Die ältesten Bäume hier dürften ein Alter von bis zu 250 Jahren haben.

Links auf der Weide steht ein uralter vielstämmiger Weissdorn. Solche Weissdorne können mehrere hundert Jahre alt werden. Häufig wurden sie in Hecken oder – was vielleicht hier der Fall ist – als Grenzmarkierung angepflanzt. Die Weidemauer, die südlich am Weissdorn vorbeiführt, grenzt zwei Grundstücke ab. Im Frühling geht von den Blüten ein starker, unangenehm riechender Duft aus, welcher den Insekten aber zusagt. Das zeigt sich im Herbst, wenn der Baum mit vielen roten Früchten behängt ist, an denen sich die Vögel gütlich tun. Als Abschluss des kleinen Waldstücks etwa 200 Meter weiter auf der gleichen Höhe finden wir eine

Riesenbuche, die fast fünf Meter Brusthöhenumfang erreicht.

Bei einem Forstwerkhof kommen wir wieder auf unsere Hauptroute zurück und wandern weiter zum Hof La Bergerie. Nachher steigt der Weg leicht an, linker Hand stehen Weidebuchen. Ein spezielles Exemplar treffen wir etwa 100 Meter oberhalb unserer Wanderroute vor der Hecke an, die eine Weidemauer hangaufwärts begleitet. Wind und Wetter haben dem Baum westseitig stark zugesetzt, der Stamm ist teilweise hohl und biegt sich wie eine der bekannten Windbuchen im Schwarzwald nach Osten.

Das Restaurant Pré-Richard lädt zur nächsten Rast ein. In einem einstündigen Marsch erreichen wir anschliessend auf steilem Weg Court, wo uns der Zug nach Biel bzw. Moutier zurückbringt. Für die Knie angenehmer ist der Weg zum Untergrenchenberg, von wo aus ein Bus nach Grenchen zurückfährt.

Abb. 1: Unterwegs auf dem Montoz
Abb. 2: Einzelbuche Montagne de Sorvilier
Abb. 3: Buchen in La Cernie auf dem Montagne de Sorvilier
Abb. 4: Weidebuche auf dem Montagne de Sorvilier
Abb. 5: Vielstämmiger, uralter Weissdorn

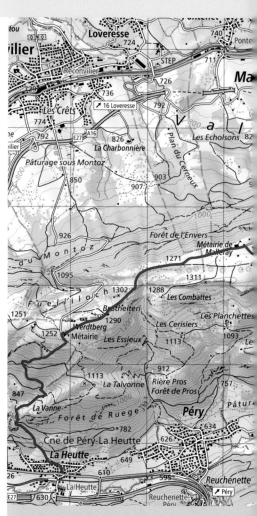

Abb. 6: Alte Buche nahe beim Forstwerkhof Montagne de Sorvilier

Abb. 7: «Windbuche» im Aufstieg zu Pré-Richard

Abb. 8: Blick zurück westwärts über den Bergrücken des Montoz

KURZINFORMATIONEN

Ausgangspunkt
Haltestelle La Heutte. Mit dem Zug von Biel nach La Heutte, Linie Biel–Tavannes–Moutier, Fahrplanfeld 226, stündliche Verbindungen.

Endpunkt
Station Court. Mit dem Zug von Court zurück nach Biel, Fahrplanfeld 226. Variante: Pré-Richard–Untergrenchenberg; mit dem Bus vom Untergrenchenberg nach Grenchen. Nur Sa/So und in den Schulferien möglich, unbedingt Fahrplan konsultieren, 40.038.

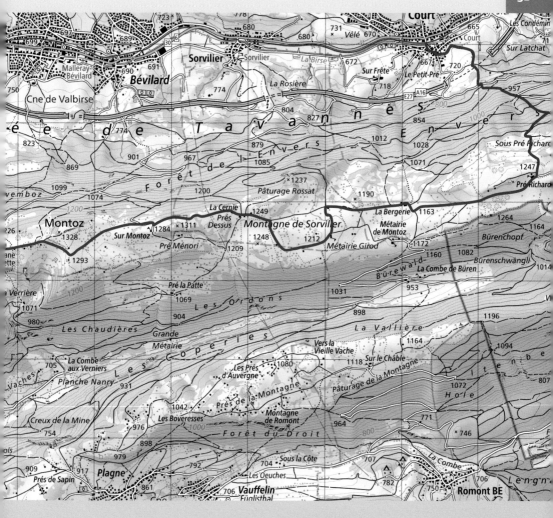

Gehzeiten

- *La Heutte–La Vanne–Métairie de Werdtberg, 1255 m ü.M.: 1 h 30 min*
- *Métairie de Werdtberg–Cab. La Rochette– Montagne de Sorvilier–La Bergerie– Pré-Richard: 2 h 45 min*
- *Pré-Richard–Court: 1 h*
- *Variante: Pré-Richard–Untergrenchenberg: 50 min*
- *650 m Aufstieg von La Heutte bis Métairie de Werdtberg, auf dem Rücken des Montoz wenig Höhenunterschiede bis Pré-Richard, dann 600 m Abstieg bis Court.*

Kartenmaterial

LK 1:25 000 Chasseral, 1125; Moutier 1106; Büren a.A. 1126

Einkehrmöglichkeiten

- *www.restaurant-werdtberg.ch Métairie de Werdtberg, ganzjährig geöffnet*
- *www.grenchenberge.ch/harzer, Pré- Richard, Rest. Harzer, ganzjährig geöffnet*
- *www.untergrenchenberg.ch, Restaurant Untergrenchenberg*

Die Pré St-Germain, eine Kulturlandschaft
mit mächtigen Fichten und Bergahornen

Ein schmaler Fusspfad führt von der Haltestelle Corcelles auf der BLS-Linie Solothurn–Moutier ins Dorf hinunter. Neben dem Bahnviadukt steht die alte Schmiede, der «Martinet», eine der letzten noch funktionsfähigen Hammerschmieden in der Schweiz. Besuch und Vorführung, die uns in die vorindustrielle Zeit zurückversetzen, sind nach Vereinbarung möglich. Auch am jährlich stattfindenden Mühlentag, jeweils am Samstag nach Auffahrt, ist die Schmiede geöffnet.

Dorfaufwärts folgen wir dem Wegweiser nach Raimeux de Crémines, par Le Gore Virat. Bald lassen wir die Häuser hinter uns und steigen bergauf. Der Hügelzug des Mont Raimeux mit den nach Süden ausgerichteten Felstürmen liegt vor uns. Anfangs noch im Wald, gelangen wir bald in die Schlucht Le Gore Virat. Der Weg, jetzt schmaler und steiler werdend – rechts von uns das Rauschen des Baches –, führt zur Brücke, wo sich das Wasser über versinterte, am Rande bemooste Felsen von Becken zu Becken stürzt. Die Stelle ist sehr belebend; die kleinen Wasserfälle strahlen auch Ruhe aus, sodass man lange hier verweilen und zuschauen möchte.

Nach kurzem Anstieg kommen wir zu einer oberen Brücke, die als Aussichtsplattform dient. Weiter bergauf wachsen in den steileren Hängen zunehmend Föhren; ein dreistämmiger alter Bergahorn taucht am Wegrand auf. Bei der Quelle, ein schöner Ort an dem das Gelände wieder flacher wird, herrschen Buchen vor. Über ein letztes Felsband steigen wir dann zur Hochfläche des Mont Raimeux auf. Vorbei an einem Aussichtspunkt kommen wir zum Gehöft Raimeux de Crémines, auf 1 120 m ü. M.

Abb. 1: Der Martinet de Corcelles, die Hammerschmiede am Flüsschen Le Gaibiat
Abb. 2: In der Schlucht Le Gore Virat folgen wir dem Weg dem Wasser entlang.
Abb. 3: Die Äste der mächtigen Fichte reichen bis zum Boden, bieten den Weidetieren Schutz.

Nach Le Gorat und zum Gipfel des Mont Raimeux zweigt hier der Wanderweg nach rechts ab. Nach wenigen Metern sind wir auf der Juraweide. Durch Steinmäuerchen und Baumreihen abgetrennte Weideflächen erstrecken sich in dem nach Norden leicht ansteigenden und dort durch Wald abgegrenzten Gelände. Nach einer leichten Biegung des Weges kommen wir durch eine Lücke in der Baumreihe auf die Pré St-Germain.

Diese Weide gleicht einer kunstvoll errichteten Gartenlandschaft: einzeln stehende riesige Fichten, auch ein paar in Gruppen, deren Äste fast den Boden berühren, auf der linken Seite ein paar uralte Bergahorne, dazwischen die blank gewaschenen Strünke abgestorbener oder gefällter Fichten. Nach Norden und Osten steigt das Gelände an und geht dann in Wald über. Die dickste Fichte, die ich hier vermessen habe, hat einen Brusthöhenumfang von 4 Metern und ist 25 Meter hoch. Der mächtigste Bergahorn, welcher in seinem Stamm auf etwa 2 Metern Höhe ein Loch hat, durch welches man in den nach oben hohlen Stamm sehen kann, hat einen Brusthöhenumfang von 4,90 Metern.

Gegen Osten ist die Weide durch ein Steinmäuerchen, eine alte Weidebuche und einen grossen dreistämmigen Mehlbeerbaum zur Mähwiese hin abgegrenzt. Auf der Weide wächst der Gelbe Enzian, Witwenblumen und Margeriten blühen hier. Ameisenhaufen, wovon der höchste über einen Meter misst, stehen am Waldrand. Am oberen Rand der Weide nahe am Waldrand gibt es eine mächtige Fichte zu entdecken. Ihre Äste reichen fast bis zum Boden und bilden ein schirmendes Dach. Spannend ist ein Blick

erreichen den Gipfel des Mont Raimeux von hier aus in 20 Minuten. Auf dem Weg dorthin erhaschen wir, wenn der dichte Wald die Sicht freigibt, einen Blick auf das Becken von Delémont. Auf dem Gipfel – zugleich der höchste Punkt des Kantons Jura (1 302 m ü. M.) – gibt es einen Beobachtungsturm, dessen Besteigung etwas Mut erfordert. Man sieht von ihm aus bis in die Vogesen und den Schwarzwald. Auf der windgepeitschten Höhe treffen wir auch ein paar alte Weidebuchen, deren unteren Äste vom Vieh weggefressen sind und die Stämme in abenteuerlichen Verrenkungen himmelwärts streben.

Unser nächstes Ziel ist der Hof Raimeux de Grandval. Das Restaurant Le Soliat empfängt Gäste, das Naturfreundehaus nebenan ist an den Wochenenden bewirtet.

Wir gehen nun etwa 100 Meter zurück und wandern auf dem Grasfahrweg südlich des Gipfels des Mont Raimeux ostwärts. Der Weg ist nicht ganz leicht zu finden, aber wir können der Stromleitung folgen. Wo die Leitung einen «Knick» macht, also die Richtung leicht ändert, stoppen wir. Hier steht, ca. 50 Meter rechts im Wald, ein total von Moos überwachsener Bergahorn-Greis. Aus seinem hohlen Stamm kämpfen sich sechs unterschiedlich dicke Äste ans hier spärliche Licht. Der bemooste Stamm ergibt ein mystisches, altertümliches Bild. Ein spezieller Baum! Weiter abwärts erreichen wir dann unsere Aufstiegsroute wieder und wandern zurück zur Raimeux de Crémines. Bei Wind fallen uns die hier wachsenden Mehlbeerbäume auf, deren Blattunterseiten hell glänzen.

Nach dem Gehöft Raimeux de Crémines senkt sich der Fahrweg. Ein erster Info-Pavillon gibt Aufschluss (in Französisch) zum Waldreservat Raimeux, das sich auf

unter diesem Dach stammaufwärts, wo unzählige Äste in alle Richtungen vom Stamm ausgehen. Diese Fichte hat einen Brusthöhenumfang von 4,65 Metern und eine Höhe von 20 Metern. 150 Meter weiter westlich stehen zwei weitere mächtige Exemplare: eine dreistämmige Fichte mit einem Brusthöhenumfang von 4,95 Metern und eine zweistämmige mit einem Umfang von 4,05 Metern.

Zurück auf dem Wanderweg zweigt der Weg bei einem Stall über die Weide ab. Vorbei an Baumgruppen und vielen Heckenrosenbüschen steigen wir hinauf und erreichen bald eine Stromleitung, welcher wir folgen. Kurz vor der Krete, Sur le Golat auf 1 240 m ü. M., führt der Weg links weg. Wir

Abb. 4: Eine Weidebuche auf dem Gipfel des Mont Raimeux
Abb. 5: Bemooster Bergahorn, ein Solitär, von dichtem Wald umgeben

fast 300 ha auf den gegen Süden abfallenden Hängen und Felsen hinzieht. Ein zweiter Pavillon erläutert die lokale Tierwelt und die typische Weidelandschaft der «Pâturages». Die 1859 angelegte Strasse führt einer Felswand entlang und gibt dann den Blick frei auf die tiefer liegenden Dörfer Crémines und Corcelles. An den steilen Kalkwänden wachsen vermehrt Föhren. Uns gegenüber liegt die Weissensteinkette mit der Hasenmatt, weiter rechts in der zweiten Jurakette der Graitery. Ein dritter Info-Pavillon zeigt Reptilien und Amphibien, Vögel und Pflanzen der Kalkfelsen.

An der Stelle, wo wir aus dem Wald treten, zweigt der Wanderweg rechts ab. Bevor wir ihm folgen, besuchen wir noch eine Waldkiefer – auch Föhre genannt –, die unweit von hier, knapp 200 Meter über der Weide rechts hinter einem Hügel versteckt wächst. Ihre hellrot-braune Rinde leuchtet und macht so auf sich aufmerksam. Der strangenförmig gebündelte Stamm weist einen Brusthöhenumfang von 4,95 Metern auf. Die Kiefer ist eine Pionierpflanze in der offenen Landschaft, als Lichtbaumart kann sie sich auch auf trockenen Standorten arrangieren. Diese Trockenheits-Toleranz könnte ihr angesichts des Klimawandels künftig eine grössere Verbreitung geben. Früher verfertigte man aus ihrem harzreichen Holz Kienspäne, die als Lichtquelle dienten. Baumharz als Basisstoff für Lacke und Leime, wurde durch Einritzen des Stammes gewonnen und in Gefässen aufgefangen. In der Heilkunde kennt man Extrakte aus Kiefernnadeln.

Über die Weide wandern wir abwärts, kommen dann zu den Feldern näher bei den Ortschaften. Bei einer markanten Eiche angelangt, ist der Weg nach Crémines leicht zu finden.

Abb. 6: Waldkiefer in der offenen Landschaft am Südfuss des Mont Raimeux oberhalb von Crémines

KURZINFORMATIONEN

Ausgangspunkt
Corcelles, an der Bahnlinie Solothurn–Moutier, Fahrplanfeld 411.

Endpunkt
Crémines, an der Bahnlinie Solothurn–Moutier.

Gehzeiten
- *Von Corcelles par Le Gore Virat–Raimeux de Crémines: 1 h 40 min*
- *Raimeux de Crémines–Pré St. Germain–Gipfel des Mont Raimeux: 1 h*
- *Vom Gipfel des Mont Raimeux zurück nach Raimeux de Crémines und über den alten Fahrweg nach Crémines: 1 h 10 min*

Kartenmaterial
1:25 000 Moutier, Nr. 1106

8 | Der Eichen-Witwald von Wildenstein (BL)

«Auf den Eichen wachsen die besten Schinken»

Zwei mächtige Eichen in Witwald
Wildenstein

Der Eichenhain, Witwald (= Weidewald) von Wildenstein ist eine der wenigen, in dieser Art erhaltenen, mittelalterlichen Kulturlandschaften. Das Gebiet, ca. 1 km² gross, zu 60 % aus Offenland und zu 40 % aus Wald bestehend, gilt auch als wichtiges Naturschutzgebiet. Ein Besuch der zum Teil über 500-jährigen Eichen ist ein Höhepunkt für alle Natur- und Baumbegeisterten. Viele Menschen kommen immer wieder hierher, sind von dieser Landschaft tief berührt. Die BesucherInnen unterstützen mit den Besuchen die Erhaltung des Eichenhains. Von November bis März ist er frei zugänglich, in der übrigen Zeit sind Sie angehalten, die markierten Wege nicht zu verlassen.

Von Liestal her erreichen wir bequem mit dem Bus unseren Ausgangspunkt, die Haltestelle «Grosstannen» an der Strecke Bubendorf–Arboldswil. Ein kurzes Stück auf der Hauptstrasse zurück, biegen wir dann rechts ins Sormattbach-Täli ein und folgen dem Weg, an der ersten Infotafel vorbei, dem Bach entlang aufwärts. Rechts begleitet uns ein Auenwald mit Ahornen, Eschen, Erlen und Pappeln. Dann wird das Tal enger, bald erreichen wir den Wasserfall, in Baselland «Giessen» genannt. Bemerkenswert ist der Kegel (der Stalagmit) unterhalb des Wasserfalls. Dabei handelt es sich um Ablagerungen des kalkreichen, «harten» Wassers. Auf dem Kegel, den wir umrunden können, wachsen Algen und Moos.

Nach kurz ansteigendem Weg stehen wir vor dem Schloss Wildenstein. Die Anlage, im 13. Jahrhundert gegründet, gehörte bis 1990 der Basler Familie Vischer, seit 1994 inklusive des Gutsbetriebs dem Kanton Baselland. Das Schloss erlebte vor allem im 17. Jahrhundert wichtige bauliche Veränderungen. Rechts der Burganlage wurde 1853 ein Englischer Landschaftsgarten mit Blutbuchen, Schwarzföhren und Rosskastanien angelegt.

Nach der riesigen Scheune des Gutsbetriebs wandern wir auf der Hochfläche an Obstbäumen vorbei weiter auf den Schlossweiher zu und erreichen kurz nachher die ersten Eichen. Etwas weiter rechts beginnt dann der Eichenhain.

Der Eichen-Witwald zeigt sich uns als lichter Wald, als Parklandschaft mit freistehenden riesigen Eichengestalten, die auf offenem Land gepflanzt wurden. Solche Weiden waren früher auch andernorts verbreitet, aber nur hier ist ein Stück erhalten geblieben. Das Eichenholz war (und ist heute wieder) sehr geschätzt. Die Rinde lieferte den Rohstoff für die Gerbereien; am bedeutendsten aber war die Eiche jedoch als Fruchtbaum. Den Wert der Eichenwälder gab man in «Schweine-Einheiten» an, d. h. wichtig war die Anzahl der Schweine, die hier geweidet und dick werden konnten. Schon im 18. Jahrhundert verlor die Eichelmast jedoch an Bedeutung; die Bauern erweiterten ihre Möglichkeiten mit dem Anbau von Rotklee und Kartoffeln. Die alte Dreifelderwirtschaft mit einer Brachzelge wurde aufgegeben und die Eichelmast «un-

Abb. 1: Wasserfall des Sormattbaches, der «Giessen»

Abb. 2: Schloss Wildenstein

Abb. 3: Eiche und Schilfrohr. Die Eiche ist gefallen.

Abb. 4: Ausgebrannte Eiche und gefallener Riese im Eichenhain

Abb. 5: Die zwei mächtigsten Bäume im Hain

modern». Die Eichen wurden vielerorts ge-fällt, sie kamen als Schwellen «unter die (Ei-senbahn-)Räder».

Wir starten den Rundgang durch den Ei-chenhain bei der Baumreihe ca. 300 Meter nach dem Schlossweiher. Auf dem mit gel-ben Pfosten bezeichneten Pfad queren wir die Eichenreihe entlang des Fahrweges und streben dem Hain zu; eine lange Reihe von neu gepflanzten Eichen ist ihm vorgelagert. Von der ersten grossen Eiche im Hain ist nur noch ein Gerippe übriggeblieben. Die Eiche, ein Baum, der Kraft ausstrahlt, stemmt sich unbeugsam Wind und Wetter entgegen, hat am Schluss dann doch verloren. Wie hat das doch La Fontaine in seiner Fabel «Die Eiche und das Schilfrohr» beschrieben? Eine Eiche und ein Schilfohr streiten sich darüber, wer der Stärkere sei. Als ein starker Wind zu ei-nem Sturm wird, fällt die Eiche, das Schilf-rohr aber beugt sich und kann sich später wieder aufrichten.

Etwa 50 Meter weiter rechts steht ein Baum, dessen Stamm vom Blitz getroffen schwarz ausgebrannt ist.

Auf dem weiteren Rundgang kommen wir zu den zwei beeindruckendsten und dicks-ten Bäumen. Wir wandern weiter durch den Hain bis zum Waldrand. Hier hat es zwei Feu-erstellen. Vorne an der Kreuzung Richtung Mureberg geht es nach links auf dem Fahr-weg zurück zum Weiher. Im Gelände rechts des Wegs, steht eine weitere Reihe uralter Eichen. Zwei von ihnen sind abgestorben, eine weitere liegt am Boden. Wenn das Ge-biet nicht frei begehbar ist (nur Dezember bis März) betrachten wir sie von weitem.

Unter den Eichen wächst ein Magerrasen, der heute nicht mehr beweidet, sondern ab Juli gemäht wird. Als Nebenbestand zu den Eichen wachsen Elsbeeren.

Der Eichenhain verdankt seine heutige Gestalt der Pflege durch den Menschen. Nur Eichen mit genügend Freiraum und Licht haben breit ausladende Äste und relativ kur-ze Stämme, die hier manchmal von dickem Efeu umfangen werden. Das Alter der Bäu-me ist schwer zu bestimmen, weil die meis-ten Bäume innen hohl sind und damit die entscheidenden innersten Jahrringe fehlen. Die älteste Eiche soll auf das Jahr 1488 da-tiert worden sein.

Alte Eichen mit skurril-lebendigen For-men und z. T. abgestorbenen Stammteilen und Ästen bieten einer Vielzahl von Pflan-zen und Tieren einen Lebensraum. Schät-zungen gehen von 700 bis zu 1000 Arten aus, die hier vorkommen sollen. Dabei han-delt es sich vor allem um Pilze, Flechten, Kä-fer, Wespen, Spinnen, Totholzbewohner wie Borken- und Bockkäfer und natürlich Vö-gel wie Spechte, der Pirol und der Eichelhä-her, aber auch und nicht zuletzt – nomen est omen – das Eichhörnchen.

Nach unserem Rundgang wählen wir den Weg vom Weiher zurück zum Schloss und danach den nach rechts abzweigenden Wan-derweg nach Bubendorf hinunter. Dort er-reichen wir den Bus nach Liestal.

Abb. 6: Eichengestalt im Hain

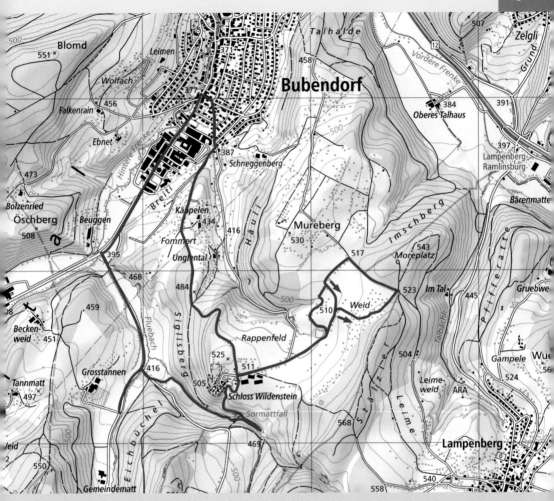

KURZINFORMATIONEN

Ausgangspunkt
 Bushaltestelle Grosstannen, Linie Liestal–
 Arboldswil, Fahrplanfeld 50.071.
 Variante: Bushaltestelle Bubendorf, Industrie
 Süd, dann zu Fuss Richtung Wildenstein,
 leider ein gutes Stück entlang der Haupt-
 strasse. Bus Fahrplanfeld 50.070.
Endpunkt
 Bushaltestelle Steingasse, Bubendorf. Bus
 Fahrplanfeld 50.070.

Gehzeiten
• Bushaltestelle Grosstannen–Schloss Wildenstein–Start Rundgang im Eichen-Witwald:
  40 min
• Eichen-Witwald–Schloss Wildenstein–Bushaltestelle Steingasse, Bubendorf: 50 min

Wissenswertes
 Als die heute ältesten Eichen auf Wildenstein
 zu wachsen begannen, war Kolumbus auf
 seiner Santa Maria noch nicht westwärts unterwegs. Wenn das kein Grund ist, diese Monumente zu besuchen!

Kartenmaterial
 LK 1:25 000 Sissach, Nr. 1068 und Hauenstein, Nr. 1088

9 | Von Oltingen über Zeglingen nach Rünenberg (BL)

An der Grenze vom Ketten- zum Tafeljura: Zwetschgenbäume, alte Birn- und Kirschbäume

Blick auf Oltingen

In Oltingen, Haltestelle Schulhaus, wo wir aus dem Bus von Gelterkinden her aussteigen, fällt uns zuerst mal die Kirchenanlage auf. Durch ein Tor betreten wir den ummauerten Bereich mit Pfarrhaus, Beinhaus, Kirche, Scheune und Friedhof. Ein Besuch in der Kirche lohnt sich. Sie ist mit Fresken ausgemalt, die bei Renovationen Mitte des 20. Jahrhunderts freigelegt worden sind. Vor Kurzem wurde auch der Pfarrgarten, eine spätbarocke Anlage, neu angelegt und gestaltet. Auf der Ostseite des Kirchenhügels haben wir gute Sicht auf das Dorf Oltingen. Ringsherum, auf den leicht abfallenden Hängen in den Baumgärten und an den steileren Lagen entlang den Bächen, stehen Zwetschgenbäume, manchmal in Gruppen, in den Baumgärten dicht an dicht. Diese Kulturlandschaft, weltweit einzigartig, ist ein Erbe aus vergangenen Zeiten, als die Wiesen für das Vieh und zur Heugewinnung sowie die darauf gepflanzten Obstbäume zur Früchteproduktion genutzt wurden. Aufgrund ihrer Einmaligkeit und Schönheit ist diese Landschaft in das «Bundesinventar der Land-schaften und Naturdenkmäler von nationaler Bedeutung» eingetragen worden.

Niederstammanlagen bedrohten in letzter Zeit zunehmend die uralten Obstgärten. Die eng beieinanderstehenden Hochstamm-Obstbäume sind nicht gerade «traktorenfreundlich»; zudem konnten die Bauern oftmals ihre Früchte nicht mehr verkaufen, weil die alten Sorten nicht den Normen der «modernen» Lebensmittelindustrie entsprachen. Das Hochstammförderprojekt Posamenter – der Name kommt von «Posamenten», d.h. Zierbänder, die früher in Heimarbeit auf den Webstühlen in den Baselbieter Bauernhäusern hergestellt wurden – will hier Gegensteuer geben und Produkte auf der Basis der alten Zwetschgensorten entwickeln und vermarkten. Wenn ein Markt da ist, haben auch diese alten Bäume wieder eine bessere Zukunftsperspektive.

Ein kurzer Dorfrundgang lohnt sich: Bemerkenswert sind die stattlichen Häuser, so etwa die Untere Mühle, erbaut 1597, das Grosse Huus, erbaut 1514, und weiter Richtung Schafmatt die Obere Mühle, das Gasthaus zum Ochsen und die mit einem Wasserrad betriebene Säge. Oltingen ist Fussort des Jurapasses über die Schafmatt, welcher im Mittelalter einige Bedeutung hatte als kürzester Weg aus der Region Basel nach Aarau und ins Mittelland. Daran erinnert auch das Wappen der Gemeinde: drei silberne Hufeisen in einem schwarzen Schrägbalken auf goldenem Hintergrund.

Jetzt machen wir uns auf Richtung Zeglingen. Der Weg steigt kräftig an, ermöglicht bald Tiefblicke auf die leicht nach Norden ansteigende Tafeljurafläche, die mit Kirschbäumen übersät ist. Hier liegen die Dörfer Anwil und Wenslingen. Wir wandern weiter zum Aussichtspunkt Zigflue, von wo aus wir auf unser nächstes Wanderziel Kilchberg/Rünenberg blicken. Jetzt folgt der Abstieg nach Zeglingen. Ein erstes Ziel für eine Pause ist der Gasthof Rössli. Hier in

der gemütlichen Gaststube lässt es sich gut sein, und je nachdem, wie wir zeitlich unterwegs sind, geniessen wir ein Znüni, das Mittagessen oder ein Dessert. Empfehlenswert ist es allemal! Eine Gartenwirtschaft macht das (Sommer)Glück perfekt. Beschwingt dorfauswärts dem Bach entlang, bei der Sagi kurz nach rechts und dann auf dem Chilchtelweg hinauf nach Kilchberg, geht unsere Wanderung weiter; dann durchs Dorf hinaus und zu einem kleinen Waldstück. Kurz darauf folgt eine Wegkreuzung, von der aus wir einen kurzen Abstecher zum bekannten Rünenberger Birnbaum machen.

Mit einer Höhe von ca. 20 Metern, einem Umfang auf Brusthöhe von 3,15 Metern und seiner Topfigur – immerhin in einem Alter von über 100 Jahren – ist der Rünenberger Birnbaum ein beliebtes Fotosujet. Er gehört zur Sorte der Mostbirnbäume und blüht et-

Abb. 1: Zwetschgenbäume rund um Oltingen
Abb. 2: Ein uralter, vielleicht hundert Jahre alter Kirschbaum
Abb. 3: Birnbaum auf dem Rünenberger Feld
Abb. 4: Der Rünenberger Birnbaum: eine Schönheit!

was später, frühestens Ende April, eher anfangs Mai. Besonders schön ist es, ihn während der Blütezeit zu besuchen. Aber auch im Herbst, wenn seine Blätter tiefrot sind, kann er beeindrucken. Die kleinen Früchte können roh nicht genossen werden. Sie werden zu Most gepresst oder zu Schnaps gebrannt. Zurück bei der Wegkreuzung wandern wir dorfwärts. Der erste Baum rechts ist ein uralter verknoteter Kirschbaum, dem drei starke Äste gekappt wurden und der dennoch in Blüte steht. Wird ein Kirschbaum 60 Jahre alt, hat er ein Greisenalter erreicht. Dieser hier wird gegen 100 Jahre alt sein.

Bei der nächsten Abzweigung gehen wir nach rechts, um dann am Waldrand entlang links über einen Feldweg zu einem grossen Birnbaum abzuzweigen. Dieser Baum teilt sich in ca. 1,5 m Höhe in zwei Stämme auf. Solch grosse Birnbäume sind selten gewor-

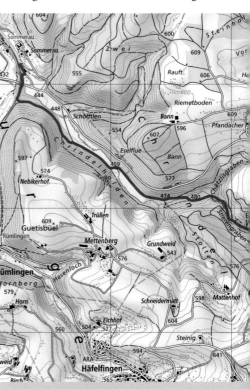

KURZINFORMATIONEN

Ausgangspunkt

Oltingen, Bus-Haltestelle Schulhaus, von Gelterkinden an der SBB-Strecke Olten–Basel mit dem Bus nach Oltingen, Fahrplanfeld 50.103. Auch von Tecknau aus möglich, Strecke Olten–Basel, S 3, Fahrplanfeld 500.

Abb. 5: Die alte Dorflinde in Rünenberg
Abb. 6: Giessen im Stierengraben am Weg zur Sommerau

den. Auf Streuobstwiesen sind sie jedoch manchmal noch zu finden. Beim Dorfweiher in Rünenberg verweist eine Inschrift auf einem Findling auf den wohl bekanntesten Bürger: General Johann August Sutter, Gründer von Neu-Helvetien, 1803–80. Wir erinnern uns an die Geschichte von Eldorado, den kalifornischen Goldrausch. An der alten Dorflinde vorbei geht es südwärts zu unserer nächsten Station, dem Giessen.

Von einem halbrunden Felsband stürzt das Wasser ca. zwölf Meter auf einen Tuffstein am Rande eines Beckens hinunter. Ein schöner Ort zum Verweilen mit Feuerstelle findet sich oberhalb des Giessens. Der Abschluss der Wanderung führt durch den Stierengraben zur Station Sommerau an der Bahnlinie Olten–Sissach. Wem das zu weit ist, geht zurück nach Rünenberg und nimmt den Bus nach Gelterkinden.

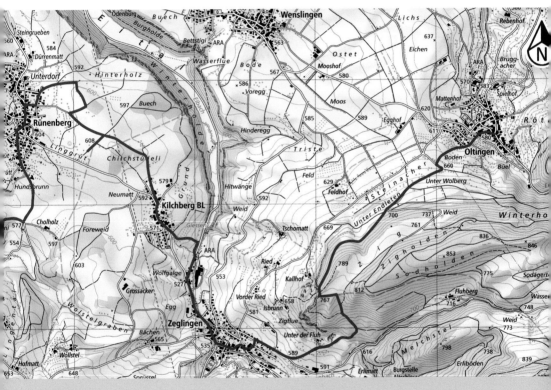

Endpunkt

Station Sommerau, mit der Bahn von der Station Sommerau an der Linie Olten–Sissach, S 9, Fahrplanfeld 503 nach Sissach bzw. Olten. Variante: Von Rünenberg mit dem Bus nach Gelterkinden, Fahrplanfeld 50.104.

Gehzeiten

- *Oltingen–Zigflue–Zeglingen: 1 h*
- *Zeglingen–Kilchberg–Rünenberg: 50 min*
- *Rünenberg–Giessen, Stierengraben–Station Sommerau: 1 h 05 min*

Kartenmaterial

LK 1: 25 000 Hauenstein, Nr. 1088; die Station Sommerau liegt auf Blatt Sissach, Nr. 1068.
Hartbelag durch die Dörfer; Anstiege von Oltingen auf die Zigflue und vor Kilchberg, angenehm eben auf der Fläche des Tafeljuras.

Links

www.tafeljura.ch
www.posamenter.ch

Unter der Linde zur Ruhe kommen

1

Der Ausgangspunkt unserer Wanderung ist die Staffelegg-Passhöhe, der Übergang vom Aare- ins Fricktal, mit dem Postauto von Aarau aus bequem zu erreichen. Auf der Passhöhe wenden wir uns ostwärts und folgen der Strasse etwa 650 Meter bis zum Parkplatz am Übergang ins Schenkenbergertal. Hier zweigt unser Wanderweg bald nach rechts zum Waldrand ab. Bis zu unserem heutigen Tagesziel – der Linde – ist er mit «Jura-Höhenweg 5» beschildert. Zuerst an einer Magerwiese entlang, dann durch lichten Wald, führt der Weg leicht ansteigend dem Südhang des «Hards» entlang. Bald erreichen wir mit 750 m ü. M. den höchsten Punkt unserer Wanderung beim Grenzstein der Gemeinden Thalheim und Densbüren. Nun wechselt der Weg eine Jurakette weiter nordwärts zum «Chläbwald». Eine Viertelstunde später öffnet sich der Wald und der Blick reicht von der Gislifluh rechts zum Chestenberg und ins Reusstal bis zum Heitersberg. Auch taucht vor uns der Hügel mit den Türmen der Ruine Schenkenberg auf. Ein Abstecher zur grössten und besterhaltenen Burgruine im Aargau lohnt sich. Wir zweigen vom Jura-Höhenweg 5 ab und kommen bei den Schenkenberghöfen vorbei, nach kurzem Aufstieg zur Ruine. Schon vor Eintritt in den Hof ragen über uns die beeindruckend hohen Gebäudereste der Kernburg auf: Schildmauer, Hauptturm und Palas. Der tiefergelegene Teil der Burg besteht aus Ökonomiegebäuden, Toranlage und Burggarten; zwei Rundtürme flankieren die Anlage. Wahrscheinlich in der ersten Hälfte des 13. Jahrhunderts im Einflussbereich von den Habsburgern gegründet, war die Burg ab 1460 bernischer Landvogteisitz. Anfangs des 18. Jahrhunderts wegen Baufälligkeit aufgegeben, präsentiert sie sich heute nach umfangreichen Sanierungsarbeiten als eindrücklicher Zeuge mittelalterlichen Bauens.

Zurück auf dem Höhenweg wandern wir zum «Chillholz», dem Pass von den Schenkenbergerhöfen nach Zeihen im Fricktal.

2

Auf der Flanke des Linnerbergs erreichen wir einen Aussichtspunkt. Weit reicht der Blick von hier bis zur Alpenkette, unter uns sind die Dörfer Veltheim und Wildegg, weiter südwärts die Stadt Lenzburg mit ihrem Schloss. Auf der Nordabdachung des Linnerbergs geht es weiter und bald entdecken wir durch das Laub die ersten Häuser des Dörfchens Linn. Am Dorfausgang Richtung Bözberg und Brugg steht unsere sagenhafte Linde.

Die Linde von Linn ist mit einer Höhe von 20 Metern, einem Umfang von elf Metern und einem Alter von 500 bis 800 Jahren eine der mächtigsten Linden der Schweiz und als Ausflugs- und Schulreiseziel wohl auch die bekannteste. Die Bänke um ihren Stamm herum sind immer gut besetzt und viele sind nur ihretwegen, ihrer riesigen Ausstrahlungskraft wegen, angereist. Linden sind und waren Treffpunkte in den Dörfern: zum geselligen Zusammensein und zum Tanz. Unter ihren ausladenden Ästen trafen sich die Liebenden. Wurde zur Geburt eines Kindes eine Linde gepflanzt, so geschah dies neben dem Haus, denn sie schützte auch vor Blitzschlag und bösen Geistern. Da nach der Sage kein Blitz die Linde zu treffen wagt, weil sie Freya, der Göttin des Glücks und der Liebe und Wotans Gemahlin geweiht ist, ist es naheliegend, dass die Menschen ihren Schutz auch auf ihre Häuser erhofften. Wir finden sie auch auf öffentlichen Plätzen oder in Alleen, z.B. auf dem Lindenhof in Zürich oder in Berlin «Unter den Linden». Die Linde «am Brunnen vor dem Tore» – meist handelt es sich dabei um die grossblättrige Sommerlinde – war am Schicksal der Gemeinschaft, an Freud und Leid «beteiligt» und es ist verständlich, dass sie dieser Ge-

Abb. 1: Die Türme der Ruine Schenkenberg, Hauptturm und Palas
Abb. 2: Die Linde von Linn – eine Sommerlinde – steht ausserhalb des Dorfes an erhöhter Stelle an der Verbindungsstrasse zum Bözberg.

Sagen und Erzählungen treffen wir die Linde öfters an, so z. B. in der Sage von Siegfried, dem Drachenbezwinger, dem beim Bad im Blut des getöteten Lindwurms ein Lindenblatt zwischen die Schultern fiel und ihn dort verwundbar bleiben liess.

Über die Linner Linde wird berichtet, dass sie eine Pestlinde sei, also über einem Pestgrab gepflanzt worden sei. Nimmt man an, dass es sich dabei um den Seuchenzug von 1669 handelt, als die Dörfer auf dem Bözberg fast ausstarben, wäre sie jetzt 350 Jahre alt, also relativ jung bei diesem Umfang. Wäre sie hingegen nach dem Pestzug von 1348 gepflanzt worden, wäre sie fast doppelt so alt. Die Sage berichtet uns von einem Jüngling, dem einzigen Überlebenden der Pestseuche, der allein es nicht schaffte, die vielen Toten auf den Friedhof nach Unterbözberg zu fahren. So schaufelte er ausserhalb von Linn ein einziges grosses Grab. Auf dem Grab pflanzte er eine junge Linde. Das Bäumchen gedieh und wurde zum Riesen. Seitdem wurde die Bözberg-Gegend von der Pest verschont. Eine zweite Sage erzählt uns, dass dann, wenn der Schatten der Linde auf das gegenüberliegende Schloss Habsburg falle, grosses Unglück geschehe. Diese Prophezeihung wurde so festgehalten: «Leit d'Linde ihres Chöpfli uf's Ruedelis Hus, so isch's mit allne Welte us». Interessant wäre dabei herauszufinden, ob das vom Winkel der Sonneneinstrahlung und der Distanz her überhaupt möglich ist.

Ein Brand setzte am 2. Juli 1979 der Linde zum Glück nicht allzu stark zu und 1990 wurde von Unbekannten versucht, die Linde mit Pflanzengift zum Absterben zu bringen. Auch das ist glücklicherweise nicht gelungen. Heute ist sie nach Pflegemassnahmen wieder in stabiler Verfassung.

meinschaft wie kein anderer Baum ans Herz gewachsen war und es immer noch ist. Lindenholz ist das Bildhauerholz zum Schnitzen: Heiligenstatuen wurden hauptsächlich aus dem «lignum sacrum», dem «heiligen» Lindenholz geschaffen. Die Blüten mit ihrem süsslichen Geruch finden in der Heilkunde Verwendung als Tee und bringen *Lind*-erung bei Erkältungskrankheiten. In

Abb. 3: Auch im Herbst ist die Linde oft noch gut besucht.
Abb. 4: Die Linde im Winterkleid

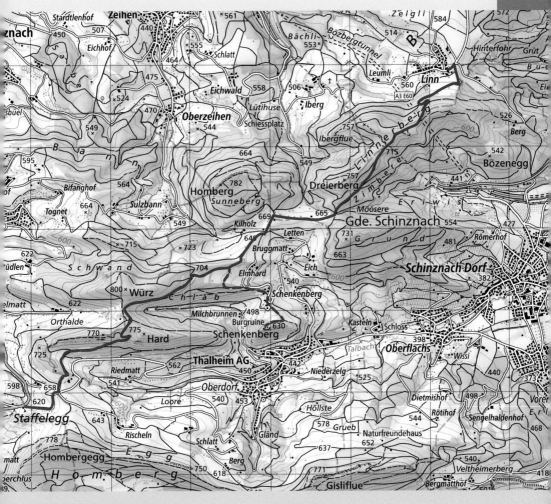

KURZINFORMATIONEN

Ausgangspunkt
Passhöhe Staffelegg, Bushaltestelle, Linie Aarau–Staffelegg–Frick, 50.135.

Endpunkt
Linde von Linn, neben Bushaltestelle, direkt mit dem Bus nach Brugg, Linie 50.372.

Varianten
- Wanderung nach Villnachern: 40 min., dann weiter mit dem Bus nach Brugg, Linie 50.371
- Wanderung nach Vierlinden: 35 min, dann mit dem Bus nach Brugg, Linie 50.137
- Wanderung durch das Sagemülitäli nach Effingen: 55 min., Bus nach Brugg oder Frick, Linie 50.137

Gehzeiten
- Reine Wanderzeit 2 h 10 min. Für den Abstecher zur Ruine Schenkenberg 1 h extra dazurechnen
- Beim Beginn der Wanderung kurzer Anstieg auf asphaltierter Fahrstrasse, nachher ausschliesslich Feld- und Waldwege

Kartenmaterial
LK 1:25 000 Frick, Nr.1069

Links
www.linnaargau.ch
www.linnerlinde.ch

Die Marchlinde, ein markanter,
beeindruckender Baum

Vom Bahnhof Eglisau aus folgen wir dem Wander-Wegweiser nach Buchberg. Durch eine nach der Mitte des 19. Jahrhunderts gepflanzte Rosskastanien-Allee geht es stadtwärts hinunter zur Rheinbrücke. Um den Bau einer Umfahrungsstrasse zu ermöglichen, sollte die Allee 1985 gerodet werden. Zum Glück entschieden sich die StimmbürgerInnen für die Bäume und gegen die Strasse.

Nach der Brücke schwenken wir dann rechts in die alten Häuserzeilen ein – das Städtchen ist nicht gross, weist aber ein paar markante alte Gebäude auf – und verlassen sie bald wieder durch die Obergass. Wir kommen zum ersten Rebberg, wandern kurz durch ein Stück Wald und sind dann bald, immer etwas Höhe gewinnend, bei einem Aussichtspunkt: Eglisau, der träge dahinfliessende Rhein und die Rebberge sind uns zu Füssen.

Oberhalb der Rebberge geht es weiter und nach kurzem Anstieg im Wald erreichen wir die Buchberger Höhe, eine mit Feldern übersäte Hochfläche. In einem Bogen nach links führt der Weg ins Dorf Buchberg hinein. Beim Restaurant «Sternen» folgen wir dem Wegweiser «Kirche Buchberg»; beim Brunnen mit dem alten Birnbaum geht es dann nach rechts, vor der Schulanlage nach links und bei der Firma «fehr tech» wenden wir uns südwärts bis zu den letzten Häusern. Hier treffen wir auf eine prächtige, rund 300-jährige Linde.

Ein paar Minuten weiter und unübersehbar auf dem Feld steht rechts die mächtige, etwa 500 Jahre alte Marchlinde. Bis im Sommer 2007 standen hier zwei alte Linden; die kleinere fiel dann jedoch um, nachdem schon über längere Zeit beobachtet werden konnte, dass sie allmählich schwächer wurde. Die ausgedünnte Krone konnte den Winden nicht mehr trotzen. 1947 hatte schon ein Blitz diese Marchlinde beschädigt. Diese Wunde wurde, vermutlich nicht ganz art-

Abb. 1: Rosskastanien-Allee in Eglisau
Abb. 2: 300-jährige Linde am Dorfausgang in Buchberg

gerecht, mit Beton aufgefüllt. Trotzdem hat die Linde noch 60 Jahre mit dieser Wunde weitergelebt. Heute steht neben der alten Marchlinde ein junges Lindenbäumchen: So sind sie, wie die Jahrhunderte zuvor, nun wieder zu zweit.

Zur Geschichte der Linden steht auf einem Findling Folgendes eingraviert:

«Buchberger Marchlinden, Alter etwa 500 Jahre, Sommerlinden Tilia platyphyllos Scop. «March» ist eine alte Bezeichnung für Grenze. Die beiden Linden waren Grenzbäume, Orientierungszeichen, und dienten als Gerichtsplatz (letztmals um 1910). Sie stehen am Saumpfad, der Eglisau mit Rüdlingen verband und markierten gleichzeitig für Pilger aus dem Norden (auf dem Weg nach Einsiedeln) die Rhein-Furt unterhalb der Tössegg (der Stelle, wo Rhein und Töss zusammenfliessen).

Findling: Sandkalk. Herkunft: Gletscherablagerung der Riss-Eiszeit aus dem Glarner- oder St. Galler Oberland, Fundort Langgenbach, nördlich Risi, Buchberg.»

Nördlich von Buchberg führt ein Teilstück des Jakobswegs vorbei. Pilger, die es eher nach Einsiedeln zog und hier abzweigen wollten, konnten als Markierungshilfe zum Rheinübergang auf die Linde vertrauen. Gerichtslinden, unter denen Gericht gehalten wurde, finden sich nicht selten. In Deutschland sind einige sehr bekannt. Ob die Urteile unter der «weiblichen» Linde «linder» ausfielen als unter der «männlichen» Eiche, bleibe dahingestellt. Es war im Mittelalter Pflicht, die Gerichtsverhandlungen unter freiem Himmel abzuhalten. Die Linde mit ihrem hohen Wuchs, dem dichten Blätterdach und der langen Lebensdauer war der ideale Baum, um diese Stätten zu schützen.

Festgelegte Grenzen wurden früher mit Grenzsteinen oder -zäunen, in Waldgebieten mit Gräben oder aufgeschütteten Erdwällen markiert. Grenzbäume, die eine Grenze

2

markieren, finden wir auch an der Hagstelli im Napfbergland. Der «Hag», eine lebendige gepflanzte Hecke mit einzelnen grösseren und z. T. uralten Bäumen steht auf der Grenze zwischen Luthern und Eriswil, d. h. zwischen den Kantonen Luzern und Bern.

Wir wandern weiter über das Murkatfeld und am Murkathof vorbei der Tössegg zu. In zwei steilen Kehren führt der Pfad zur Fähre hinunter. Von April bis Oktober kann man jeweils an Sonn- und Feiertagen und von Mai bis Mitte September auch an Samstagen sich hier über den Rhein setzen lassen. Von der Tössegg aus verkehren auch Kursschiffe nach Ellikon/Rüdlingen bzw. flussabwärts nach Eglisau.

Wir bleiben auf dem nördlichen Rheinufer und folgen dem schönen Wanderweg dem Fluss entlang bis zu den ersten Häusern von Eglisau. Über den schon bekannten Weg gelangen wir wieder zum Bahnhof.

Abb. 3: Die Marchlinden. Links der 500-jährigen Marchlinde ein neu gepflanztes Bäumchen als Ersatz für die 2007 umgefallene, kleinere Marchlinde

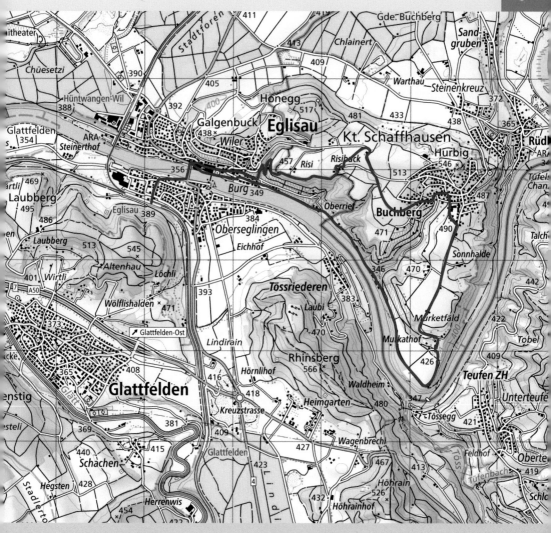

KURZINFORMATIONEN

Ausgangspunkt

Bahnhof Eglisau, erreichbar mit der S 9 von Zürich nach Eglisau oder von Zürich nach Bülach mit dem IC, weiter mit der S 22 nach Eglisau, Fahrplanfeld 760.

Endpunkt

Bahnhof Eglisau. Verbindungen s. oben.

Gehzeiten

- Eglisau Bahnhof–Buchberg: 1 h 20 min
- Buchberg–Marchlinden–Murkathof–Eglisau Bahnhof: 1 h 30 min

Kartenmaterial

LK 1:25 000 Eglisau, Nr. 1051

Charakteristik

Leichte Wanderung, auch für Kinder geeignet, eine Überfahrt mit der Fähre oder eine Fahrt mit dem Kursschiff auf dem Rhein ist ein Erlebnis. Fahrplan der Schifffahrtsgesellschaft Züri-Rhy auf www.szr.ch

Quellen

Zürcher Baumgeschichten, V. Eggmann/D.B. Steiner, Verlag Im Waldgut, Frauenfeld 1989 und www.buchberg.ch/geschichtliches

12 | Rundwanderung Schwarzsee–Breccaschlund (FR)

Bergahorne in einer urtümlichen Landschaft

Beim Alpbeizli Brecca

Etwas vom Ufer des Schwarzsees entfernt, bei Schwarzsee Bad, hält der Bus von Freiburg her; auch Parkplätze hat es hier genügend. Halblinks sehen wir den Hügelzug «Les Recardets», der nach Westen eine Höhe von fast 2000 Metern erreicht. Zuerst geht es dort hinauf, aber nicht ganz bis zuoberst. Durch Wald entlang des Baches steigen wir recht steil auf dem Wanderweg Richtung Ober Recardets auf. Bei der Abzweigung nach La Balisaz fallen uns am Gegenhang, dem Thossis Rain, neben den Alpgebäuden die Bergahorne auf. Nach dem Hof Un-

im Gebiet Rippa. Hier haben wir einen schönen Blick in den Breccaschlund. Auf fast allen Seiten von Bergen eingeschlossen, öffnet sich dieses von Gletschern geschaffene Tal unseren Blicken nach Südwesten; erschlossen wird es vom Schwarzsee her. Der Begriff «Schlund"» ist zunächst vielleicht verwirrend, weil man annehmen könnte, auf ein tief eingeschnittenes Tal, eine Schlucht, zu treffen. Dem ist aber nicht so, im oberen Teil ist der Breccaschlund von flachen, ebenen Alpweiden geprägt. Auch die «Urlandschaft Breccaschlund», um die geworben wird, ist

ter-Recardets kommen wir in einer Wegbiegung auf etwa 1350 m ü. M.an einem schönen Bergahorn vorbei.

Das Tal ist wild, fast unberührt. In Sichtweite des Hofes Ober-Recardets – am Hang darüber stehen mächtige Bergahorne, hier steigen sie bis auf eine Höhe von fast 1700 m ü. M. – zweigen wir nach links ab und folgen dem schmalen Weg dem Hang nach, um den Bergzug weiter vorne zu überschreiten. Mit anfangs wenig Anstieg, später über eine Treppe und einem kurzen Stück Weg, das mit Seilen gesichert ist – gut machbar und ungefährlich –, überwinden wir den Les Recardets und erreichen die Südflanke

etwas hoch gegriffen: Die Alpweiden sind nicht wirklich wild und ein Kies-Fahrweg führt durch das Tal. In der Karstlandschaft versickert das Wasser. Ein Fliessgewässer sucht man hier vergebens.

Nach kurzem Abstieg kommen wir zum Hof Unteri Rippa. Auf der rechten Talseite steigen wir nach Oberi Rippa und Bremingard hinauf. Hinter dem Hof Oberi Rippa

Abb. 1: Blick in den Breccaschlund
Abb. 2: Bergahorn beim Hof Oberi Rippa
Abb. 3: Bergahorn im Aufstieg bei Unter-Recardets
Abb. 4: Alphütte unterhalb Les Cerniets

treffen wir auf einen uralten riesigen Bergahorn mit hohem Stamm und abgestorbenen dürren, aber auch intakten Ästen. Spektakulär hat sich in einer Astgabel ein kleiner Vogelbeerbaum angesiedelt. Ein Baum wie aus einer vergangenen Zeit.

In Les Cerniets wandern wir talauswärts zurück. Während der Alpzeit ist hier das Beizli geöffnet. Es ist sehr ruhig hier, kein Bachrauschen ist zu hören, nur während der Alpzeit das Gebimmel der Kuhglocken. Mit etwas Glück sieht man über Les Recardets einen Adler kreisen. Kurz danach treffen

wir bei einem Alpgebäude mit Brunnen auf schöne Bergahorne.

Auch weiter abwärts, in der Ebene bei Brecca – im Sommer ist auch hier das Alpbeizli offen – stehen viele alte Bergahorne. Bei einer Rast lassen sie sich besonders gut bestaunen. Ein besonders mächtiges Exemplar befindet sich beim Eintritt in die Ebene links am Waldrand. Das Gebiet ist hier steinig und die Bergahorne prägen mit ihren wulstigen Stämmen und den runden bis eiförmigen Kronen das Bild der Landschaft. Sie sind nicht speziell gross, haben auch nicht die dicksten Stämme, wir treffen sie aber hier in vielen Formen und in unge-

wöhnlicher Anzahl an. In der Brecca-Ebene gedeihen die jungen Bäume besonders gut, da sie auf steinig-karstigem Untergrund vor Tierverbiss geschützt sind. Auch gehören die Bäume zur Landschaft und werden sicher von deren Besitzern geschätzt und geschützt.

Auf dem Wanderweg geht es weiter zurück nach Unteri Rippa. Dort machen wir einen kurzen Abstecher auf der Fahrstrasse Richtung Schwarzsee zum Alpgebäude bei Pt. 1302. Ein bisschen weiter oben treffen wir auf einen sehr schönen alten Bergahorn mit dickem Stamm und prächtiger Krone; für den sich der Umweg lohnt. Auf dem unteren Weg wieder zurück auf gleicher Höhe bleibend, kommen wir bald zur Kreuzung mit dem Wanderweg, der abwärts über Treppen durch moosiges, schattiges und wildes Gebiet mit grossen Felsbrocken zum Schwarzsee zurückführt.

Abb. 5: Dunkle Wolken über dem Schwarzsee, Blick von der Gypsera aus, Ausgangspunkt der Luftseilbahn auf die Riggisalp
Abb. 6: Bergahorn bei Pt. 1302 zwischen Unteri Rippa und dem Schwarzsee

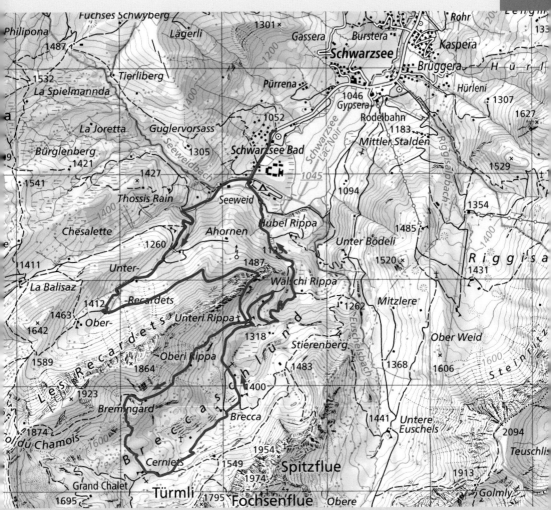

KURZINFORMATIONEN

Ausgangspunkt

Bushaltestelle Schwarzsse Bad. Mit dem Bus von Freiburg über Tafers und Plaffeien zum Schwarzsee, Linie 123, Fahrplanfeld 20.123; Fahrzeit ca. 1 h.
Parkplätze bei Schwarzsee Bad.

Endpunkt

Schwarzsee Bad

Gehzeiten

- Schwarzsee Bad, 1 060 m ü. M.– Unter-Recardets–Abzw. Ober-Recardets, 1 405 m ü. M.– Unteri Rippa: 1 h 15 min
- Unteri Rippa–Oberi Rippa–Bremingard, 1 664 m ü. M.– Cerniets–Brecca: 1 h
- Brecca–Unteri Rippa–Bergahorn bei Pt. 1302–Schwarzsee Bad: 1 h

Kartenmaterial

LK 1: 25 000 Boltigen, Nr. 1226

Information

Schwarzsee-Tourismus: www.schwarzsee.ch

13 | Von Laupen nach Murten (BE/FR)

Eichen im Ober Eichelried/Galmwald

Üppiges Grün im Galmwald

In Laupen im Westen Berns, nahe schon an der Sprachgrenze, starten wir unsere Wanderung. Das alte Städtchen mit dem darüber thronenden Schloss ist sehenswert. Wir nehmen den Wanderweg, auch beschildert als «Trans Swiss Trail 2, Etappe 8 Murten–Laupen», Richtung Kriechenwil und Murten, überqueren die Sense und gelangen an die ruhig dahinfliessende Saane. Durch ein Stück Auwald, links stehen Industriegebäude, kommen wir zum Auriedstäg. Die Saane fliesst hier im tief ausgebaggerten Bett. So wurde der Höhenunterschied zum Wasser hinter dem flussaufwärts gelegenen Staudamm des Schiffenensees vergrössert. Nach dem Bau der Staumauer ging die vorher einmalige Auenlandschaft verloren, weil die Saane die nun höher gelegenen Auen nicht mehr erreichen und überschwemmen konnte. Das Naturschutzgebiet Auried, das wir nach der Brücke am Rand queren, wurde anstelle der verloren gegangenen Saane-Auen angelegt.

Richtung Kriechenwil steigt der Weg kurz an, dann queren wir die Hauptstrasse ausserhalb der Ortschaft, wandern durch ein Waldstück nach Liebistorf und durch den östlichen Dorfteil zum Galmwald hinauf.

Am Waldrand in der Rodung Galmguet, unter dem Blätterdach mächtiger Buchen, machen wir Halt und schwenken vom Wanderweg ab. Unser Ziel, der Erlebnispfad, ein Rundgang zu den Galmeichen, startet beim Forstwerkhof im Ober Eichelried. Hier gibt es auch eine gut eingerichtete Feuerstelle und einen Spielplatz.

Der Galmwald ist eine eigene Gemeinde, Pflanzen und Tiere sind die «Bewohner», der Oberförster ist der Gemeindepräsident. Seit Kurzem hat die Gemeinde sogar ein Wappen: In der Mitte steht eine Eiche, begleitet von drei Eicheln, welche die 300-jährige Geschichte der Eichen zeigen; das blaue Band symbolisiert die Quelle im Wald.

1811 teilte der Staat Freiburg den Wald unter den umliegenden Gemeinden Jeuss, Salvenach, Lurtigen, Ulmiz und Liebistorf auf. 255 ha blieben übrig, wurden zum Staatswald und gingen damit in den Besitz des Kantons über. Von der natürlichen Sukzession her müssten hier eigentlich Buchen stehen. Die alten Eichen, die wir heute hier finden, sind also angesät. Eichenholz und vor allem Eichenwald zur Schweinemast waren früher sehr gefragt. So ordneten die Kantone Bern und Freiburg 1713

den Schultheiss von Murten an, zwei grosse Waldflächen, eben das Ober und das Unter Eichelried, kahlzuschlagen und mit Eichen anzusäen. Etliche mächtige Traubeneichen stammen aus dieser Zeit, sie sind heute also über 300 Jahre alt.

Eichenwald will gepflegt werden; Konkurrenzbäume, schnellwachsende Weichhölzer mussten beseitigt werden, damit die heute so mächtigen Eichen überhaupt wachsen konnten. Trotz dieser Pflege ist nicht der ganze Eichenbestand erhalten geblieben. Grosse Flächen «verwandelten» sich gegen Ende des 19. Jahrhunderts in Eisenbahnschwellen. Auch der Orkan Lothar riss 1999 gewaltige Löcher in den Bestand. Die häufigste Eichenart in der Schweiz ist übrigens die Stieleiche, an zweiter Stelle folgt die Traubeneiche. Unterscheiden kann man die beiden an der Frucht, der Eichel, die bei der Stieleiche einen langen Stiel hat, während die Blätter ungestielt an den Ästen hängen.

Für die Traubeneiche gilt genau das Gegenteil. Im Galmwald soll die Traubeneiche, die hier am häufigsten vorkommt, gefördert und erhalten werden. Ein weiteres Unterscheidungsmerkmal zwischen den beiden Arten ist, dass der Wuchs der Krone bei der Traubeneiche regelmässiger und geschlossener

Abb. 1: An der Saane beim Auriedstäg
Abb. 2: Wappen der Gemeinde Galmwald
Abb. 3: Eichenwald im Frühling
Abb. 4: Eichenwald im Herbst

ist und sie im Ganzen gesehen, auch nicht so einen knorrig-trotzigen Eindruck abgibt, wie dies bei der Stieleiche der Fall ist.

Die gute Fee Galmeline, Hüterin des Waldes, zeigt uns den Weg. Schon beim Start des ca. 2 km langen Erlebnisweges mit neun Posten treffen wir nach wenigen Schritten auf ein paar kräftige Eichen; daneben stehen auch ein paar Fichten, die ebenfalls kein schlechtes Bild abgeben. Eine nächste Infotafel, «Eichen und Biodiversität», erklärt uns die Wichtigkeit des Baumes für die Erhaltung der Artenvielfalt, leben doch in und auf Eichen enorm viele «Mitbewohner». Näher vorgestellt werden hier der Mittelspecht, verschiedene Fledermaus-Arten und der Hirschkäfer. Eine nächste Tafel erläutert den Begriff «Nachhaltigkeit im Wald». Auf einem schnurgerade angelegten Forstweg wandern wir zur vierten Tafel, welche dem Thema «Jungwaldpflege» gewidmet ist. Hier erfahren wir mehr über die Fördermassnahmen im Wald: Junge Eichen werden gehegt,

Buchen gefällt, gleichzeitig ist es aber wichtig, dass die Eichen vor zu starker Besonnung geschützt werden.

Jetzt kommen wir ins «Eichen-reich»: Jahrhundertealte Bäume mit bemoosten Stämmen stehen hier relativ dicht beieinander. Jeder ist ein Unikat; bei einem biegt sich der Stamm leicht nach links, bei einem zweiten mehr nach rechts, und ein dritter steht ganz gerade. Auf kleinster Fläche treffen wir hier die mannigfaltigsten Formen an. Etwa in 40 Metern Höhe bilden sie ein Dach, darunter herrscht eine Stimmung wie in einer Halle, wie in einem Tempel oder in einer gotischen Kathedrale. Diese Grösse! Der Eichenwald lässt uns hier eine Energie erleben, wie es kein anderer Wald vermag.

Beim Posten «Baumtelefon» gelangen wir wieder auf Gelände mit Jungwuchs. Von hier aus fällt auf, wie hoch die Eichen sind und

Abb. 5: Eichenriese. Die heissen Sommer 2018 und 2019 haben dem Baum arg zugesetzt.

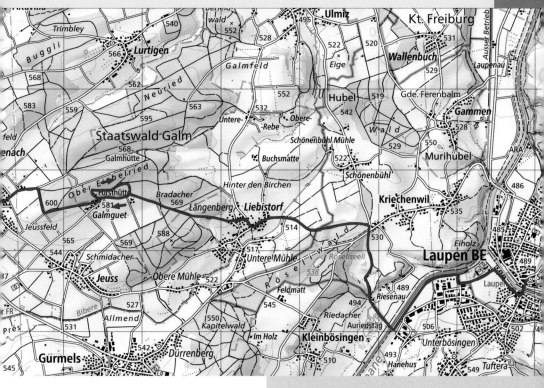

wie enorm ihr Blätterdach ist. Weiter auf dem Weg kommen wir zu einem Eichenriesen, einer Traubeneiche, die allerdings die letzten heissen Sommer nicht überlebt hat und abgestorben ist.

Zurück beim Forstwerkhof setzen wir die Wanderung Richtung Murten fort. Vorbei am Pflegeheim Jeuss kommen wir zum grosszügig eingerichteten Grillplatz Ober Eichelried. Von hier aus geniessen wir eine fantastische Sicht über die Freiburger Hügellandschaft. Bei guten Sichtverhältnissen ist die Alpenkette vom Wetterhorn bis zum Mittaghorn zu sehen, ebenso das vorgelagerte Stockhorn, der Gantrisch und die Voralpen von der Kaiseregg bis zum Moléson. Nordwestwärts sehen wir Richtung Murtensee und den Jura. Auf den Feldern um Salvenach fallen uns ein paar alte allein stehende Eichen auf. Wieder auf dem «Trans Swiss Trail 2», gelangen wir über eine grosse Kehre schliesslich nach Murten.

KURZINFORMATIONEN

Ausgangspunkt
Bahnhof Laupen, von Bern mit der S2 nach Laupen, Fahrplanfeld 302, S-Bahn Bern.

Endpunkt
Bahnhof Murten, von Murten nach Kerzers–Bern, Fahrplanfeld 305 oder Freiburg, Fahrplanfeld 255 oder Neuenburg, Fahrplanfeld 255.

Gehzeiten
* *Laupen–Auriedstäg–Röseliwald–Liebistorf–Galmwald, Forstwerkhof Ober Eichelried: 1 h 40 min*
* *Rundgang mit der guten Fee Galmeline auf dem Erlebnispfad im Ober Eichelried: 45 min*
* *Forstwerkhof Ober Eichelried–Salvenach–Prehl–Murten: 1 h 20 min.*

Kartenmaterial
LK 1: 25 000 Murten/Morat, Nr. 1165

Quelle
Info-Tafeln auf dem Erlebnisweg Ober Eichelried im Galmwald. Herzlichen Dank an Th. Oberson, Betriebsleiter des Forst Galm Murtensee.

14 | Zwei Riesen in der Emmentaler Hügellandschaft bei Langnau (BE)

Dürsrütitanne und Badertschenlinde

Im Dürsrütiwald, bei der grössten Tanne

Vom Bahnhof in Langnau im Emmental aus wandern wir dem Wegweiser nach Dürsrüti folgend durch die Marktgasse zum Bärenplatz und von dort dorfauswärts in den Ortsteil Cheer. Beim Friedhof an der Frittenbachstrasse zweigt die Dürsrütistrasse ab. Ein im steilen Waldhang ansteigender Fussweg erlaubt es, eine weitere Kehre abzukürzen. Bald sind wir wieder auf der Asphaltstrasse, die, an den Höfen von Unter- und Ober-Dürsrüti vorbei, zum Rand des Dürsrütiwaldes aufsteigt. Hier überblicken wir die Ebene, die sich gegen Signau hinzieht. Bei etwas Wetterglück sieht man über das Emmental zu den Alpen, vom Schreckhorn an westwärts bis zum Ochsen im Gantrischgebiet.

Schon am Anfang des Dürsrütiwaldes fallen uns die hohen, aber noch nicht allzu dicken Tannen auf. Wir bleiben auf dem Wanderweg nach Fluehüsli. Nach ca. 10 Minuten sind wir beim Wanderwegschild «Dürsrütiwald» bei der grössten, heute noch stehenden Dürsrütitanne angekommen.

Der Weg fällt hier leicht abwärts und die Tanne, die die umstehenden Bäume alle überragt, fällt sofort auf. Im Dezember 1999 verlor sie beim Sturm Lothar ein rund zehn Meter hohes Kronenstück. Auf einer Tafel sind ihre Masse festgehalten: Umfang 4,9 m, Durchmesser 1,56 m, Volumen 38 m3, Alter 350 Jahre. Etwa 20 Meter daneben blieb der Strunk der ehemals mächtigsten Tanne erhalten. 1974 musste sie gefällt werden, da sie im vorangehenden Frühsommer durch Blitzschlag schwer beschädigt worden war. Ihre Masse waren: Umfang 4,98 m, Alter 377 Jahre. Sie erreichte eine Höhe von 57,35 m.

Schon 1912 wurde ein Stück des Dürsrütiwaldes unter Schutz gestellt. Heute zählt ein Gebiet von knapp vier Hektaren zum Naturschutzgebiet und wird von der For-

Abb. 1: Die Nr. 165, die grosse Dürsrütitanne
Abb. 2: Dürsrütitanne mit abgebrochenem Wipfel

schungsanstalt WSL kontrolliert. Die Bäume sind nummeriert, die grösste Tanne ist die Nr. 165. Etwas mehr waldeinwärts stehen weitere zukünftige Baumriesen mit den Nummern 4 080, 755, 743 und 4 835. Auf kleiner Fläche stehen hier Bäume jeglichen Alters dicht nebeneinander. War eine Nutzung fällig, so geschah sie einzelstammweise. So ist ein dichter, verschiedenartiger Wald entstanden. Fachleute bezeichnen ihn als Plenterwald. Jeder Stamm wird, wenn er die für den Waldbesitzer wichtigen Eigenschaften zeigt, stehen gelassen und kann so zum Baumriesen heranwachsen. Die mannigfaltigen Bedürfnisse der selbstversorgenden Einzelhöfe konnte nur ein solcher Wald abdecken. Er lieferte nicht nur Bau- und Brennholz, sondern «alles», was auf den Höfen gebraucht worden ist; vom Bohnenstecken bis hin zum Zaunpfahl.

Die mächtigen Weisstannen waren und sind weitherum bekannt. Als «Königin der Nadelhölzer» bezeichnet, steht die Weisstanne im Schatten der ökonomisch interessanteren Fichte. Zudem ist sie starkem Wildverbiss ausgesetzt. Auf der anderen Seite ist sie von allen Nadelbäumen jene Art, die am besten im Boden verankert und damit besser gegen Stürme gewappnet ist als alle anderen. Die Zapfen der Tanne stehen an den Wipfeltrieben aufrecht. Gegen den Herbst fallen sie nicht als Ganzes ab: Während Samen und Schuppen zu Boden fallen, bleiben die Spindeln oft noch am Baum hängen. Finden wir «Tannenzapfen» am Boden, so sind diese nicht von einer Tanne gefallen, sondern von einer Fichte.

Bis zum Sturm Lothar 1999 erreichten sieben Tannen im Dürsrütiwald eine Höhe von über 50 Metern. Schon vorher fielen allerdings einige dem Blitzschlag zum Opfer und mussten gefällt werden. Ab 1914 wurden jeweils die zehn dicksten Tannen angezeichnet. Heute sind nur noch zwei Exemplare davon übrig: Die weiter oben schon

2

erwähnte Tanne sowie eine weitere, etwas hangabwärts stehende, die aber weniger mächtig ist.

Der Waldweg zieht sich weiter auf der Höhe bleibend zum Sattel zwischen den Höfen Badertschen und Line hin. Hier steht eine mächtige Linde. Auf dem Sattel zwischen den beiden Frittenbachgräben hat sie einen besonderen Standort; sie steht an einem Übergang zwischen den Höfen Badertschen und Line, am Übergang, wo der Blick zu den Alpen und auf der anderen Seite über das untere Emmental zum Jura hinschweift. In ihrem Schatten auf der Bank lässt sich gut verweilen. Leider wird ihr schützendes Blätterdach als Unterstand für Bretterstapel ge-

nutzt, wodurch ihr dicker Stamm so schlecht zur Geltung kommt. Der schöne Baum verdiente an dieser bedeutungsvollen Lage etwas mehr (Be)Achtung!

Am westlichen Waldsaum führt der Weg weiter bergauf. Der Blick schweift jetzt zum Jura. In einem Sattel zwischen den Gräben kommen wir zu einem wunderschönen Berner Bauernhaus auf der Hullerenschür.

Abb. 3: Die Badertschenlinde zwischen den Höfen Badertschen und Line
Abb. 4: «Wo wir uns finden, wohl unter Linden …» Ein «Ausschnitt» der Aussicht bei der Linde.
Abb. 5: Bauernhaus auf «Hulleren»

Weiter geht es zum Hof Fluehüsli, wo sich mehrere Routen treffen. Wir wenden uns nach links Richtung Geilisguetegg und Zollbrück. Das folgende Wegstück über die Rotebüelegg zur Geilisguetegg gehört zum Schönsten, was das Emmental an Landschaftsimpressionen zu bieten hat: Ausblicke über die tief gefurchte Hügelwelt in die Täler und von den Alpen bis zum Jura bieten sich hier dem staunenden Wanderer.

Anschliessend geht es teilweise durch Wald hinunter zu den Höfen von Ried. Die Riedmatten querend, führt die (asphaltierte) Strasse zur Station Zollbrück.

KURZINFORMATIONEN

Ausgangspunkt
Bahnhof Langnau i.E. Von Burgdorf über Hasle-Rüegsau-Ramsei nach Langnau i.E., Fahrplanfeld 304.2 oder von Bern über Konolfingen–Signau nach Langnau i.E., S-Bahn Bern Linie 2, Fahrplanfeld 302.
Endpunkt
Bahnhof Zollbrück. Nach Langnau i.E. oder nach Burgdorf, Fahrplanfeld 304.2.

Gehzeiten
- *Bahnhof Langnau i.E.–Ober Dürsrüti–Dürsrütiwald: 1 h 10 min*
- *Dürsrütiwald–Hullerenschür–Fluehüsli: 1 h 15 min*
- *Fluehüsli–Rotebüelegg-Geilisguetegg–Ried–Bahnhof Zollbrück: 1 h 30 min*

Charakteristik
Schöne Wanderung um den Unteren Frittenbachgraben mit unglaublichen Ausblicken. Langer Anstieg bis zum Dürsrütiwald; die zu bestaunenden Tannen sind die Anstrengung aber wert.

Kartenmaterial
Landeskarte 1:25 000 Langnau i.E., Nr. 1168

Abb. 6: Der Frittenbachgraben gehört zum Schönsten, was das Emmental an Landschaftsimpressionen zu bieten hat.

15 | Eine Grenzhecke im Napfbergland zwischen Eriswil (BE) und Luthern (LU)

Die Hagstelli

Blick zurück bei Chatzerschwand

Grenzstreitigkeiten gaben gegen Ende des 16. Jahrhunderts den Anstoss, auf dem Grenzkamm zwischen den beiden Dörfern Eriswil (im Kanton Bern) und Luthern (im Kanton Luzern) eine Hagstelli zu pflanzen. Mit dem lebendigen gepflanzten «Hag», einer Hecke, sollte die Grenze für alle ersichtlich markiert werden und Mensch und/oder Tier unterwegs mit guten oder weniger guten Absichten «gestellt», zum Halten gebracht werden.

Heute soll niemand mehr «gestellt» werden, heute liegt die Hagstelli auf dem viel begangenen Grenzweg durch das Napfbergland. Dieser beginnt bei der barocken Anlage des ehemaligen Klosters St. Urban, führt nach Eriswil der Hagstelli entlang über Ahorn, Gume und die Ober Scheidegg und Hochänzi auf den Napf, dann durch das obere Entlebuch und weiter über das Brienzer Rothorn zum Brünigpass. Die 75 km lange Strecke in einer einzigartigen Landschaft kann in fünf bis neun Tagesetappen zurückgelegt werden.

Die Hagstelli führt wie die Chinesische Mauer hinauf über die Hügel, die «Eggen», wie sie auch genannt werden, und hinunter in die Täler, die «Chrächen» oder «Gräben». Schon von weit her sind die Bäume, vor allem Buchen, aber auch Ebereschen, Ahorne und Fichten zu sehen. Viele der Buchen sind zwei-, drei- oder gar vierhundertjährig. In der natürlichen, lebendigen Grenze klaffen heute grössere und kleinere Lücken – manche wurden immer wieder bepflanzt, manche blieben und bleiben offen. 2004 führte der Verein «Pro Luthertal» eine Baumpflanzaktion beim Ahorn durch. Baumpatenschaften ermöglichten die Realisierung dieser

Abb. 1: Auf dem Grenzpfad Napfbergland beginnt die Hagstelli nach dem Restaurant Ahorn.
Abb. 2: Hagstelli bei Gume

2

Idee, welcher hoffentlich Erfolg beschieden sein wird.

Gepflanzte Baumreihen als Abgrenzungen bei Grundstücken oder als Grenzen zwischen Gemeinden oder Ländern gab es früher vielerorts. Ein schönes Beispiel erlebte ich auf der Wanderung auf dem Jakobsweg im Burgund westlich von Vézélay. Die Landschaft zeigt sich dort reich gegliedert durch Hecken, in denen verstreut mächtige Eichen wachsen.

Der Startpunkt unserer Wanderung ist das Bergrestaurant Ahorn. Wir erreichen es mit Privatauto oder dem Rufbus von Huttwil aus. Etwa 400 Meter nach dem Restaurant Ahorn Richtung Napf kommen wir zur Hagstelli.

Wir wandern der Hagstelli entlang und mit wenig Steigung südwestlich zur Erhebung «Gume» und weiter bis zum Hof «Chatzerschwand».

Blicken wir zurück, bietet sich uns hier ein unvergleichliches Bild der über den «Gume» laufenden Hagstelli.

In «Chatzerschwand weicht der Weg vom Grenzverlauf ab über eine Weide und durch ein Waldstück, um oberhalb «Höchschwändi» wieder genau auf der Grenzlinie zu verlaufen. Vom Naturfreundehaus Aemmital – hier stellen wir ein paar Lücken in der Baumreihe fest – steigen wir zur Obern Scheidegg auf, wo sie, jetzt auf unserer rechten Seite, sehr ausgeprägt ist.

Ab hier verliert sich die Hagstelli, der Wanderweg zieht sich weiter nach Eggstall, Hochänzi und schliesslich auf den Napf. Wer nicht bis zum Napf wandern will, kann in Eggstall oder Hochänzi umkehren, oder aber erst in Nideränzi; dort hat es (auch) ein Restaurant.

KURZINFORMATIONEN

Ausgangspunkt
- Bergrestaurant Ahorn (www.ahorn-alp.ch), erreichbar mit Privatauto oder Rufbus. Fantastische Aussicht ins Mittelland.
- Rufbus Huttwil- Eriswil- Ahorn: busalpin.ch. Verkehrt Samstag und Sonntag von Anfang Mai bis Ende Oktober. Reservationen am Vortag bis 18 Uhr 062 962 55 05 oder online.

Endpunkt
Bergrestaurant Ahorn.

Gehzeiten
- Bergrestaurant Ahorn–Gume–Chatzerschwand–Naturfreundehaus Aemmital–Ober Scheidegg: 1 h 10 min
- Ober Scheidegg–Eggstall–Hochänzi: 1 h (Hochänzi–Nideränzi–Napf: 1 h 30 min) Gleicher Zeitbedarf für den Rückweg.

Eine weitere Möglichkeit ist eine Rundwanderung von Luthern aus. Der Wanderweg führt steil aus dem Dorf hinaus zum Heuberg und hinauf zum Höchstutz. Auf dem Höhenweg des Wernisegggrates geht es weiter zum Bergrestaurant Ahorn. Auf dem oben beschriebenen Grenzpfad wandern wir der Hagstelli entlang bis zu Ober Scheidegg. Von hier geht es auf einem Parallelgrat durch Wälder und Felder hinunter Richtung Luthern. Bei der Unteren Hirsenegg leitet uns die Markierung hinunter zum Wilmisbach und zum Dorf zurück. Der Dorfkern von Luthern mit Gemeindehaus, Zehntenspeicher, Pfarrhof und Kirche gilt als Kleinod von nationaler Bedeutung. Nicht unerwähnt bleiben darf zuhinterst im Tal der Wallfahrtsort Luthernbad.

Infos auf www.natuerlich-luthertal.ch

Ausgangspunkt
Luthern, erreichbar mit dem Zug von Huttwil aus bzw. Wolhusen nach Zell, Fahrplanfeld 440. Von Zell mit dem Bus nach Luthern, Fahrplanfeld 60.282

Gehzeit
Luthern–Ahorn: 1 h 30 min (Ahorn–Obern Scheidegg: 1 h 10 min) Obern Scheidegg–Luthern: 1 h 30 min

Kartenmaterial
LK 1:25 000 Sumiswald, Nr. 1148

Abb. 3: Lücken in der Hagstelli beim Naturfreundehaus Aemmital
Abb. 4: Hagstelli bei Ober Scheidegg

16 | Axalp (BE)

Von den Bergahornen auf der Axalp zu den Giessbachfällen

Bergahorne im Gebiet Hittboden

Auf der Axalp, gegenüber dem Brienzer Rothorn, hoch über dem Brienzersee beginnt unsere Wanderung bei der Postauto-Endhaltestelle und Talstation der Windegg-Bahnen. Auf dem Wanderweg geht es zuerst leicht abwärts bis zur Hauptstrasse im Dorf. Im Gebiet Hittboden auf 1 500 m ü. M. treffen wir die ersten grossen Bergahorne. Was bleibt einem in Erinnerung von der Ax-

Abb. 1: Bergahorn im Lengenboden zwischen Totzweg und Balmi im Herbst
Abb. 2: Bergahorn im Gebiet Totzweg im Frühling
Abb. 3: «Reste» des ehemals mächtigen Bergahorns bei Balmi
Abb. 4: Bergahorne bei Schwarzenberg im Frühling
Abb. 5: Bergahorn bei Schwarzenberg
Abb. 6: Bei den Giessbachfällen

alp? Ich würde sagen, die Aussicht auf die umliegenden Berge und die Bergahorne! Sie prägen die Landschaft. Im Herbst geben sie mit ihren goldenen Blättern ein unvergleichliches Bild ab.

Am Restaurant Bellevue vorbei wandern wir durchs Dorf. Etwas weiter treffen wir rechterhand auf zwei dicke ausladende Bergahorne. Im Gebiet Totzweg wächst auf der dem Fahrweg gegenüberliegenden Wiese ein Bergahorn. Etwas weiter im Gebiet Lengenboden stehen deren weitere Zwei. Besonders im Herbstkleid sind sie wunderschön.

Weiter abwärts auf dem Fahrweg queren wir wieder den Wanderweg. Wir folgen aber der Fahrstrasse bis Pt. 1323 «Balmi». Eine Naturstrasse zweigt hier ab. 50 Meter weiter in der Nähe eines Stalls entdecken wir einen Riesen-Bergahorn, einer der mächtigsten Bergahorne in der Schweiz, der heute aber ein dürftiges Bild abgibt: Der dicke Ast, der aus der Stammhöhlung wegstrebt, ist abgesägt worden. Der Stamm endet in einem Aststumpf und einem weniger dicken Ast, der himmelwärts strebt und als einziger noch grüne Blätter trägt. Reste des ursprünglichen Stammkreises lassen die ehemalige Mächtigkeit mit einem Umfang von etwa acht Metern erahnen. Bergahorne können bis 500 Jahre alt werden. Der Baum hat sein Alter wohl erreicht und wird weiter zerfallen.

Zurück auf dem Weg gehen wir an einer Scheune vorbei über die Wiese und kommen bei einem zweiten Stallgebäude an den Waldrand. Hier erreichen wir den Wanderweg, der von der Axalp zum Giessbach hinunterführt. Weiter im Süden bilden das Faulhorn (mit dem gut erkennbaren Hotel) und das Schwarzhorn den Talabschluss. Drei mächtige Bergahorne stehen um das Gebäude.

Der Weg windet sich weiter durch den Wald hinunter und führt unter einer Felswand hindurch. Wir zweigen dann nach links ab, immer der Wegbezeichnung Schweiben-

uns leichter. Bald wird der Tiefblick auf den See (was für eine Farbe!) und auf das Hotel Giessbach frei. Über eine Brücke gelangen wir auf die andere Seite des stiebenden Bachs. Unter uns donnert das Wasser über einen Fall in die Tiefe – man sieht nicht wohin.

Dem donnernd-tosenden Wasser entlang abwärts nähern wir uns dem Hotel. Vorher passieren wir aber noch einen Höhepunkt dieser Wanderung: Unser Weg führt hinter einem Wasserfall durch, der über einen hervorstehenden Felskopf herunterschiesst. Ein ohrenbetäubendes Schauspiel! Hinter dem Gischtvorhang erkennt man das Hotel Giessbach.

Malerisch liegt das Hotel Giessbach über dem See. Gemälde von Schweizer Malern waren es, die diesen Ort und die Fälle im 18. Jahrhundert erst bekannt machten. Daraufhin machte man sie zugänglich, ein einfaches Gasthaus wurde gebaut, und als um 1870 das Hotel Giessbach eröffnete, kamen die Gäste aus aller Welt, um die Fälle zu sehen, die sie von Bildern her bereits kannten und die in der Nacht mit bengalischen Flammen beleuchtet wurden. Vor rund 40 Jahren sollte ein riesiges Chalet aus Beton und Holz anstelle des alten Baus errichtet werden. Dank Widerstand durch den Umweltschützer Franz Weber und dessen Stiftung «Giessbach dem Schweizervolk» wurde das Hotel gerettet.

Bis zur Schifflände sind es zehn Minuten, man kann auch die historische Standseilbahn aus dem Jahre 1875 benutzen. Mit dem Schiff geht es dann zurück nach Brienz.

alp folgend. Durch die obere Giessbachschlucht – weit unten befindet sich der tosende Bach – steigen wir kurz an, kommen später auf die Fahrstrasse zur Schweibenalp, dem «Zentrum der Einheit Schweibenalp» mit dem grossen Seminarhaus. Etwas versteckt rechts des Gebäudes beginnt der Abstieg zu den Giessbachfällen, zum Hotel und zum See. Der Weg durch recht steiles Gelände ist gut angelegt. In vielen Windungen steigen wir ab, Treppenstufen machen es

Abb. 7: Hinter dem Gischtvorhang erkennen wir das Hotel Giessbach.
Abb. 8: Die Giessbachfälle. Ein eindrückliches Erlebnis, vor allem während der Schneeschmelze im Frühling

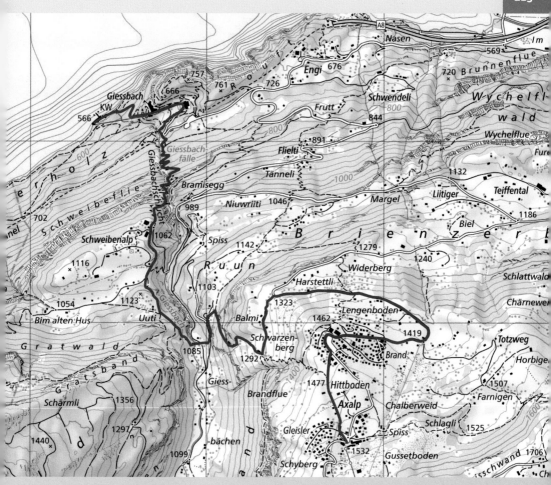

KURZINFORMATIONEN

Ausgangspunkt

Axalp, End-Haltestelle Bus. Mit dem Zug nach Brienz an der Linie Interlaken Ost–Luzern, Fahrplanfeld 470. Mit dem Bus auf die Axalp, End-Haltestelle, Fahrplanfeld 31.152, im Sommer 5 Kurse.

Endpunkt

Hotel Giessbach und Schiffstation Giessbach-See. Mit dem Schiff von Giessbach-See nach Brienz, Fahrplanfeld 3470, im Frühling 5 Fahrten, im Sommer 6 Fahrten.

Einkehrmöglichkeit

Grandhotel Giessbach: www.giessbach.ch

Gehzeiten

- Axalp, End-Haltestelle Bus–Bergahorne Totzweg–Bergahorne Balmi–Giessbachtal–Schweibenalp: 1 h 30 min
- Schweibenalp–Hotel Giessbach: 45 min
- Hotel Giessbach–Schiffstation Giessbach See: 10 min

Kartenmaterial

LK 1: 25 000 Brienz, Nr. 1209

Charakteristik

Eine interessante Wanderung; fast alles bergab, Höhendifferenz fast 1 000 Meter. Die Farbe des Brienzersees ändert sich je nach Wind und Wetter von blau über türkis bis smaragdgrün. Spannend! Die tosenden Giessbachfälle sind ein Erlebnis.

17 Niederrickenbach (NW)

Eine Bergahorn-Rundwanderung

Blick auf Niederrickenbach mit Brisen

der eine im Haslital in den Wirren der Reformationszeit zum Verbrennen bestimmte Marienstatue rettete und hier in einem knorrigen alten Ahorn verbarg. Als er im Herbst die Figur mit ins Tal nehmen wollte, war sie nicht mehr aus dem Baum herauszubringen. Möglich war das erst, als beschlossen wurde, an dieser Stelle eine Kapelle zu bauen. Das war der Beginn für die Wallfahrt nach Niederrickenbach. Die heutige, 1869 eingeweihte Kirche ist einfach ausgestattet; die Statue «Unsere Liebe Frau im Ahorn» steht an der Stelle des einstigen knorrigen Ahornbaums. Besonders sind auch die etwa 300 an den Wänden aufgehängten Votivtafeln, welche die Bedeutung als Wallfahrtsort unterstreichen.

Gerne lassen wir uns von der Luftseilbahn neben der Haltestelle der Luzern–Stans–Engelberg-Bahn ins 1 156 m ü. M. hoch gelegene Niederrickenbach hinaufbringen. Der autofreie Ort Maria-Rickenbach, der mit Stille und Natur wirbt – «es gibt Menschen, die wollen gar nicht mehr hinunter» –, ist wirklich einzigartig gelegen. Der Rundblick zum Pilatus und zum Stanserhorn, Wiesenberg und den Nidwaldner Bergen auf der linken Seite der Engelberger Aa bis auf unsere Talseite zum Brisen ist absolut umwerfend. Man kann hier oben fast nicht genug davon bekommen, man möchte nur schauen, schauen …

Neben der Bergstation der Luftseilbahn liegt das Benediktinerinnen-Kloster, das einen Laden mit diversen Produkten betreibt – Karten, Kerzen, Teemischungen und auch Produkte aus der Klosterapotheke –, das Pilgerhaus und neben drei anderen Gebäuden die Kirche. Deren Entstehung und Geschichte ist besonders. Die Legende zur Gründung des Wallfahrtsortes berichtet von einem Hirten,

Im Buch «Götterwohnungen» gibt der Autor Bernd Steiner (s. Quellenangabe) eine mögliche Erklärung der ab Anfang des 15. Jahrhunderts stark zunehmenden Gnadenbäume. Er schreibt: «… die bis anhin unerklärliche Häufung solcher Marienerscheinungen ist ein Signal sozialer Not in einer Bevölkerung, die nicht mehr wusste, wohin

4

mit den vielen Kindern. (Tatsächlich nahm die Bevölkerung in Europa nach dem Pestzug in der zweiten Hälfte des 14. Jahrhunderts sehr stark zu). Höhere Mächte sollen helfen… Sie [die Maria] erschien nun ständig und überall und ihr Gnadenbild tat Wunder.» Maria wurde die Retterin aus allen Nöten. Wurde eine Kapelle zum Baum gebaut, entwickelte sich eine Wallfahrt. Vergrösserte sich der Zustrom, wurde auch bald die Kapelle zur Kirche ausgebaut. Bei vielen Wallfahrtskirchen verweist schon der Name auf eine «Maria im Baum», z.B. die Maria in der Tanne in Triberg im Schwarzwald oder die Maria-Drei-Eichen in Horn in Niederösterreich. So weit weg müssen wir aber gar nicht suchen: Hoch über Gurtnellen im Urner Reusstal stand früher in der Höhlung einer alten Föhre ein Marienbild. Als der Baum abstarb, baute man 1910 um den verbliebenen Föhrenstock herum die Stäubenwaldkapelle. Ein eindrückliches Beispiel dafür, dass magisches und christliches Weltbild sich nicht ausschliessen.

Es gibt von hier aus verschiedenste Wandermöglichkeiten (siehe unten). Wir beschränken uns auf den Rundweg nach Bleiki und Gibel zu den Bergahornen. Nach ein paar Kehren auf der Betonstrasse gelangen wir zur Feuerstelle unterhalb des Reservoirs und zur Abzweigung nach Bleiki. Von der Kirche, deren Turmspitze wir noch sehen, zieht sich eine Reihe Bergahorne den Hang hinauf und weiter am Reservoir vorbei zum Waldrand. Die drei obersten Bäume sind die dicksten. Unter den Felstürmen der Musenalp gehen wir Richtung Bleiki. Schon kurz danach treffen wir auf zwei wunderschöne Bergahorne.

Der Weg steigt nun kräftig an. Auch die Alp Bleiki ist ein Bergahorngebiet. In der Nähe des Alpgebäudes steht der mächtigste mit einem hangwärts offenen Stamm.

Abb. 1: Votivtafel in der Kirche Niederrickenbach
Abb. 2: Bergahorne im Aufstieg zur Alp Bleiki
Abb. 3: Bergahorn kurz vor der Alp Bleiki
Abb. 4: Bergahorn im Gebiet Hüetleren

In der Alpzeit beherbergt das Gebäude einen Restaurationsbetrieb und vermarktet Alpprodukte. Wer mag, unternimmt von hier aus einen ca. 30-minütigen Abstecher auf den Bleikigrat. Von dort aus sieht man, was «hinter dem Berg ist»: die Klewenalp, den Vierwaldstättersee, die Rigi, die Mythen; sogar das Glärnischmassiv ist auszumachen.

Wieder auf dem Rundweg zurück, betreten wir bei Hüetleren wieder das Bergahorngebiet.

Bei der nächsten Abzweigung Richtung Arhölzli haben wir einen fantastischen Ausblick nordwärts Richtung Pilatus, Stans und bis nach Luzern und weiter zum Jura. Auf der Krete folgen wir ca. 100 Meter einer Stromleitung bergwärts und stehen dann vor dem dicksten Bergahorn der Gegend. Wind und Wetter ausgesetzt, ist der Baum mit einem beträchtlichen Umfang auf Brusthöhe von 4,70 Metern auf der Ostseite auf der ganzen Stammlänge offen. Zwei grosse Äste sind aber noch intakt und der Baum gibt ein beeindruckendes Bild ab.

Über Gibel führt die Rundwanderung zurück nach Niederrickenbach. Durch schattigen Wald geht es ohne grossen Höhenunterschied dorthin zurück. Jetzt freuen wir uns auf die Einkehr im Pilgerhaus.

KURZINFORMATIONEN

Ausgangspunkt
Bergstation Niederrickenbach. Mit der Luzern–Stans–Engelbergbahn LSE (Zentralbahn, ZB) nach Dallenwil, Hst. Niederrickenbach, Fahrplanfeld 480, mit der Luftseilbahn LDN hinauf nach Niederrickenbach.

Endpunkt
Bergstation Niederrickenbach. Variante: Zu Fuss zur Haltestelle Niederrickenbach über Hasenmatt und Wandfluh: 1 h 30 min. Dieser Weg geht recht in die Beine; bequemer ist da die Seilbahn. Zurück nach Luzern mit der ZB.

Abb. 5 und 6: Bergahorn auf der Krete südlich Arhölzli

Gehzeiten
Rundweg: Seilbahnstation Niederrickenbach–Abzw. Bleiki–Bleiki–(Abstecher zum Bleikigrat, 1 592 m ü. M. zusätzlich 30 min) Hüetleren–Abzw. Arhölzli–Gibel–Niederrickenbach: 2 h 5 min

Kartenmaterial
LK 1: 25 000 Beckenried, Nr. 1171

Charakteristik
Kurzer Anstieg von der Bergstation Niederrickenbach auf Hartbelag bis zur Feuerstelle unterhalb des Reservoirs. Anschliessend mit wenig Gefälle auf Hartbelag bis Arhölzli. Rückweg: Wunderschöner Wanderweg über Alpweiden und durch kühlen Wald nach Niederrickenbach.

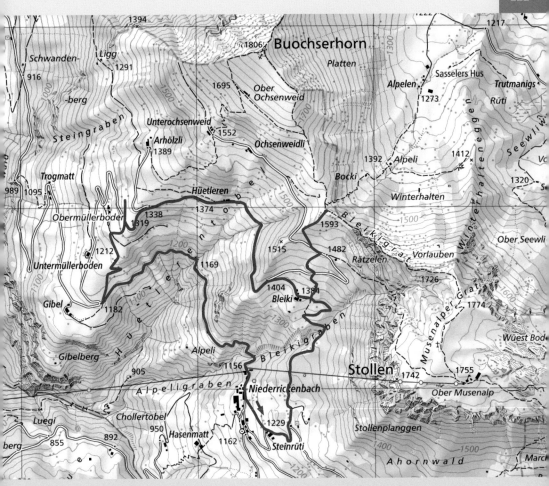

Weitere *Wandermöglichkeiten:*

- *Niederrickenbach–Bleiki–Musenalp–Ahorn–Niederrickenbach: 3 h. Im Sommer Seilbahnbetrieb zur Musenalp*
- *Niederrickenbach–Bleiki–Bleikigrat–Buochserhorn–Arhölzli–Gibel–Niederrickenbach: 3 h 30 min*
- *Niederrickenbach–Ahorn–Brisenhaus–Stafel–Klewenalp: 3 h bis 3 h 30 min*
- *Alpine Route: Niederrickenbach–Haldigrat–Brisen–Glattigrat–Risetenstock–Hinter Jochli–Gitschenen–Isenthal, oder Oberbauenstock–Niederbauen–Emmetten*
- *Benediktusweg: Niederrickenbach–Alpboden–Brändlen–Oberrickenbach–Walenalp–Brunni–Engelberg: 6 bis 7 h*

- *Niederrickenbach–Brändlisboden–Brisenhaus–Haldigrat–Haghütte–Bannalp: 6 h*
- *Spezielles Wanderprogramm im Sommer, z. B. Bergvogel-Exkursion, Sonnenaufgang auf der Musenalp, Alpenkräuterwanderung u. a. siehe auf www.maria-rickenbach.ch*
- *Pilgerhaus Niederrickenbach: www.pilgerhaus-maria-rickenbach.ch*

Quellenangabe

Götterwohnungen, Bernd Steiner, Schwabe AG, Verlag Johannes Petri, Basel, 2014

Schlössliwald, Blick vom Schiff Richtung Norden

An der «unteren» Kirche im Flecken Beromünster führt der Wanderweg vorbei und folgt dann der noch jungen Wina Richtung St. Wendel. Nach kurzem Aufstieg und einem Abschnitt über die nach Westen geneigten Felder und Obstgärten kommen wir zur schön inmitten der offenen Flur gelegenen Kapelle. Ausblicke auf das zurückliegende Beromünster, übers Winental in den Jura und bei gutem Wetter zum Pilatus und zu den Alpen begleiten uns. Die 2004 zuletzt restaurierte Kapelle ist dem Wendelin geweiht. Er ist der Schutzpatron der Hirten und Bauern, eine Statue mit Hirtenstab stellt ihn dar.

Auf dem Bergrücken zwischen Winen- und Seetal nehmen wir den Weg Richtung Waldhus. Von hier haben wir wunderbare Ausblicke auf die Hänge über dem Seetal, dem Lindenberg und weit in die Alpen. Beim Waldhus queren wir die Fahrstrasse und wandern, immer auf der gleichen Höhe bleibend durch schattigen Wald auf dem Höhenrücken Erlosen an einem Wald- und einem Jagdhaus (beide mit Feuerstellen) vorbei bis zur Abzweigung nach Neudorf. Links treffen wir auf das Naturschutzgebiet Vogelmoos, ein idealer Ort für Naturbeobachtungen. Auf dem freien Feld oberhalb von Neudorf

folgen wir dem Wanderweg an einem Bachtobel entlang in die Ortschaft. An einem Industriegebäude vorbei führt der Wanderweg dann nordwärts zum Dorf hinaus. Der Bauernhof linkerhand, der Römerhof, zeigt einen schönen Baumgarten mit Apfel- und Birnbäumen und einer Reihe von Nussbäumen entlang des Weges.

Wieder ansteigend, folgen wir dem Weg zum Hof Galee, wandern bei Wili vorbei und dann links abzweigend Richtung Oberlose. Nach dem Hof Erlose stehen alte Obstbäume am Wegrand.

Bemerkenswert ist auch das alte Gebäude mit der Linde davor, das «Schlössli Huebe», ein zum Bauernhaus gewordener ehemaliger Herrensitz. Eine kleine Kapelle ist in die Scheune integriert. Jetzt erreichen wir unser lang ersehntes Ziel: die Waldkathedrale Schlössliwald.

Am Nordende der Anlage klärt uns eine Tafel über deren Entstehung auf: Der vom Stift Beromünster 1790 mit der Planung eines Meditations- und Spazierweges beauftragte Stiftsbaumeister Purtschert liess hier 94 Rosskastanien und 3 500 Hagebuchen pflanzen. Die Baumreihen bilden den Umriss einer Kirche mit Mittelschiff, Seitenschiff und Chor. Wir betreten also eine Kirche, nicht aus Stein, sondern aus Bäumen, mit Rosskastanien-Pfeilern. Die Baumkronen bilden himmelwärts das Dach. Etwa ein Viertel der vor über 200 Jahren gepflanzten Rosskastanien sind noch da, kräftige Buchen sind z. T. an der Stelle der «verlorengegangenen» Rosskastanien nachgewachsen. Nach etwa 50 Metern, vorbei an Neupflanzungen, kommen wir zu einem Querschiff, an deren Enden sich Aussichtspunkte befinden.

Von hier haben wir einen schönen Ausblick auf den Stiftsbezirk und den Flecken Beromünster. Ein Baum-Chor bildet den nordseitigen Abschluss. Der Schlössliwald ist ein Ort der Ruhe und soll so erhalten werden. Der Zauber liegt in seiner Stille. Es geht eine besondere Stimmung von diesem Ort aus; Magie und Christentum treffen

Abb. 1: Kapelle St. Wendel
Abb. 2: Baumgarten beim Römerhof in Neudorf
Abb. 3: Obstgärten beim Hof Erlose
Abb. 4: Schlössliwald, Blick Richtung Schiff

hier aufeinander – und es bleibt jedem selbst überlassen, diese Stimmung hier zu erleben.

Interessant ist, dass die Pflanzung dieser Anlage in eine Zeit fiel, in der Obrigkeit und Klerus sich in einem Glaubenskrieg um heilige Bäume gegen das Landvolk befanden. Polizeiprotokolle aus jener Zeit geben darüber Aufschluss. Wenn Menschen zu heiligen Bäumen pilgerten, weil sie um deren Heilkraft und deren Verbindung zu einem animistischen Ganzen wussten, so wurde das als (für die Kirche gefährlicher) Aberglaube abgetan und die Bäume gefällt.

Übrigens hat sich daran bis heute nicht viel geändert, nur spricht man nicht mehr von «Aberglauben», sondern (offiziell) von «Sicherheitsrisiko» oder (inoffiziell) «freier Aussicht». Wie das letzthin in einer Nachbargemeinde des Autors passiert ist. Da nützte die Einschätzung des beigezogenen Baumexperten: «Wir empfehlen, die Edelkastanie zu erhalten» mangels Einsicht auch nicht mehr.

Die 140 Meter lange und gegen 40 Meter hohe Waldkathedrale gehört dem Chorherrenstift Beromünster, einer Gemeinschaft von Priestern im Ruhestand. Sie ist im «Inventar der bedeutenden Waldobjekte» vermerkt und absolut einmalig in der Schweiz. Ein Erneuerungsprojekt ist momentan im Gange, wobei die Pflege der bestehenden Bäume und die Bewahrung des Charakters der Anlage vorrangig sind. Sehr sehenswert ist auch der Flecken Beromünster mit dem Stiftsbezirk.

Abb. 5: Schlössliwald im Spätherbst
Abb. 6: Der Stiftsbezirk Beromünster mit der Stiftskirche St. Michael

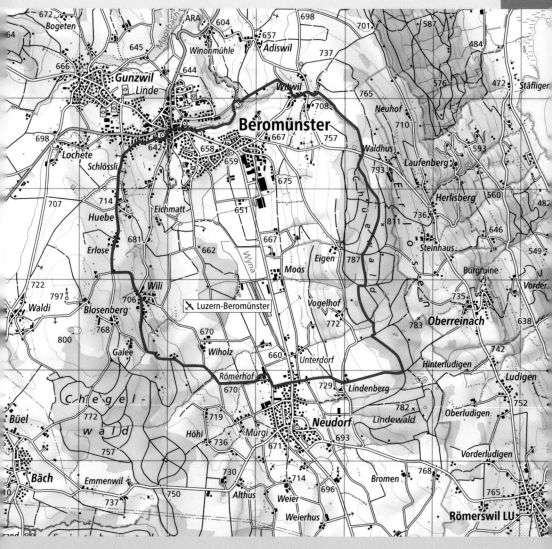

KURZINFORMATIONEN

Ausgangspunkt

Beromünster, Flecken. Von Beinwil am See (Lenzburg–Beinwil am See 651) oder Menziken (AG) (Aarau–Menziken 644) mit dem Bus nach Beromünster, Fahrplanfeld 50.398.
Von Luzern mit dem Bus nach Beromünster, Fahrplanfeld 60.050.

Endpunkt

Beromünster, Flecken. Verbindungen s. bei der Anfahrt.

Gehzeiten

- *Beromünster–Kapelle St. Wendel: 30 min*
- *St. Wendel–Waldhus–Abzw. nach Neudorf beim Naturschutzgebiet Vogelmoos–Neudorf: 1 h 15 min*
- *Neudorf–Galee–Wili–Waldkathedrale Schlössliwald: 1 h*
- *Schlössliwald–Beromünster: 10 min*

Kartenmaterial

LK 1: 25 000 Hochdorf, Nr. 1130

19 | Zu den Weiden an der Lorze in Maschwanden (ZH)

Uralte Weiden am Wasser

Weidenkönigin und Weidenkönig

Die Station Knonau an der Bahnlinie Zürich–Zug ist unser Startpunkt. Gleich neben dem Bahnhofgebäude steht ein alter Schwarzdorn, der im Frühling mit seiner Blütenpracht die Bienen anlockt.

Wir folgen dem Wanderwegweiser nach Frauenthal, kommen durchs Dorf und zum Schloss. Beidseits des Gebäudes stehen Platanen. 1786 gepflanzt, sind sie zu Riesenbäumen herangewachsen; mit einem Durchmesser von zwei Metern sollen sie die grössten Platanen der Schweiz sein.

Westwärts wandernd auf Hartbelag erreichen wir bald eine kleine Anhöhe, von wo der Blick frei wird zwischen Rigi und Pilatus auf die noch schneebedeckten Gipfel der Unterwaldner Alpen. Der Wanderweg führt weiter über den Hof Hattwil nach Islikon. Hier wäre ein kurzer Abstecher zum Zisterzienserinnen-Kloster Frauenthal möglich. Dabei handelt es sich um das älteste heute noch am Gründungsort bestehende Kloster dieses Ordens.

Die Anlage, fast ein kleines Dorf, umgeben von Wäldern und Wiesen, auf einer Insel, von den beiden Flussarmen der Lorze gebildet, wartet mit einer sehenswerten Kirche im Rokoko-Stil auf. Ein Klosterladen – geöffnet zwischen 13:45 und 16:30 Uhr – führt Karten, Kunstführer, Kerzen, Handarbeiten und Esswaren im Sortiment.

Wir gehen nordwärts zum Hof Grischhei und dann links ins Naturschutzgebiet Hasplen. Auf diesem Weg durch Riedwiesen mit Einzelbäumen zweigt bei Pt. 389 ein schmaler Pfad zur Lorze ab.

Hier ist ein Durchgehen erlaubt, während weiter vorne am Fluss der Durchgang gesperrt ist. Flussabwärts treffen wir auf aussergewöhnlich schöne alte Weiden, vielleicht 150, vielleicht 200 Jahre alt, mit zum Teil ausgehöhlten Stämmen mit noch intakter Aussenwand, die in zwei bis drei Metern Höhe in dünne Äste übergehen. Wer genauer hinschaut, wird in einer Weide den Weidenkönig erkennen, der seiner Dame zugewandt sicher schon ein halbes Weidenleben lang ihr um die Hüfte fasst.

Wir folgen dem Fluss abwärts. Die Kopfweiden, die wir hier antreffen, sind keine spezielle Baumart und auch nicht natürlich so gewachsen. Ihr Aussehen bekamen sie durch menschliche Eingriffe. Der Haupttrieb der Bäume wurde ihnen in zwei bis drei Metern Höhe gekappt und die neuen Triebe rigoros zurückgeschnitten. Durch diese Massnahme wurde der Stamm dicker, wodurch sich ein Kopf herausbildete. Das

Abb. 1: Schwarzdorn bei der Station Knonau
Abb. 2: Platanen beim Schloss Knonau
Abb. 3: Kloster Frauenthal
Abb. 4: Uralte Weiden an der Lorze

Zurückschneiden («schneiteln» genannt) verhindert ein Auseinanderbrechen der Kopfweiden, deren kurze Stämme das Gewicht der Äste nicht über längere Zeit tragen könnten. Will man Ruten gewinnen um Körbe zu flechten, werden die Weiden jährlich geschneitelt. Sind hingegen eher dickere Äste gefragt, so wird das Schneiteln nur alle drei bis fünf Jahre ausgeführt.

Die Weiden bieten vielen Tieren und Pflanzen einen Lebensraum. Das Schneiteln trägt einiges dazu bei, da die Schnittverletzungen, die dabei entstehen, es Pilzen erlauben, in den Stamm einzudringen. Dabei entstehen Höhlen und totes Gewebe, welches für viele kleine Tiere ein Eldorado sind.

An der Hauptstrasse bei der Lorzenbrücke wandern wir in die Maschwander Allmend, ins Gebiet Rüssspitz. Auf beiden Seiten treffen wir auf Schilfwiesen mit einzelnen Bäumen oder Baumgruppen. Rechterhand der Lorze ist das Gebiet Rözi, wo viele alte Weiden das Flussufer säumen. Während die Allmend auf bezeichneten Wegen begangen werden kann, ist das Betreten der Rözi untersagt. Dieses Gebiet ist stark verlandet. Es ist geplant, die offenen Wasserflächen wieder auszudehnen, um die Artenvielfalt zu erhalten.

Die Maschwander Allmend und der Rüssspitz zwischen Reuss und Lorze bilden eine der letzten grossen Riedebenen im Mittelland, hier durch weite Feuchtwiesen mit einzeln stehenden Weiden und einen im Norden abschliessenden Auenwald geprägt. Früher sah das Reusstal überall so aus. Durch Menschenhand, nämlich durch die im Herbst erfolgende Streuemahd, wird die Verstrauchung des Gebiets verhindert und die einprägsame Struktur als offene Riedwiese erhalten.

Auf den Riedflächen brüten seltene Vogelarten wie Kiebitz, Brachvogel und Wiedehopf. Zwischen dem Schilf blühen Ende Mai blau die Sibirischen Schwertlilien und gelb der Klappertopf, dann im Juni lila bis purpurrot die Prachtnelke. Weiss schimmert das Wollgras und später im Jahr erscheinen

KURZINFORMATIONEN

Ausgangspunkt
Bahnstation Knonau, mit der Bahn von Zürich oder Zug, S 9, Fahrplanfeld 800.
Endpunkt
Bahnstation Mühlau, nach Rotkreuz/Zug oder Lenzburg, S 26, Fahrplanfeld 653.
Gehzeiten
• Knonau–Richtung Frauenthal nach Hattwil und Islikon: 50 min, Abstecher zum Kloster Frauenthal: zusätzlich 10 min
• Islikon–Grischhei–Naturschutzgebiet Hasplen–Lorzenbrücke Maschwanden: 35 min
• Lorzenbrücke Maschwanden–Rüssspitz–Reussdamm–Brücke Mühlau–Station Mühlau: 1 h
Kartenmaterial
LK 1: 25 000 Albis, Nr. 1111
Charakteristik
Entspannte Wanderung mit wenig Höhenunterschied; der einzige Anstieg ist jener von der Brücke Mühlau zur Station. Im Reservat auf den Wegen bleiben; das Gebiet Rözi darf nicht betreten werden.

Abb. 5: Weiden an der Lorze
Abb. 6: Blick ins Gebiet Rözi

vor der auffälligen Herbstfärbung des Pfeifengrases die blauen Blüten der Schwalbenwurz- und Lungen-Enziane.

Über Jahrhunderte kam es durch Hochwasser der Reuss immer wieder zu starken Überschwemmungen. Die Anwohner waren in einem dauernden Kampf gegen die Launen des Flusses und die Veränderungen seines Laufs verwickelt. Im Winter errichteten sie daher geflochtene Zäune aus Holz und füllten die Lücken dahinter mit Steinen und Erdmaterial auf. Die Maschwander jenseits der Reuss versuchten gutnachbarlich mit ihren Verbauungen die Überschwemmungen auf die Maschwander Seite zu beschränken. Immer wieder durchbrach der Fluss aber die kleinen Dämme. Erst der grosse Dammbau von 1919–1924 setzte dem ein Ende.

1947 wurde für das Gebiet ein Schutzvertrag abgeschlossen. Infolge der grossen Belastung durch die Erholungsuchenden müssen die Schutzbestimmungen jedoch laufend angepasst werden. Naturschutz bedeutet ja nicht unbedingt, die Natur einfach vollständig sich selbst zu überlassen. Naturschutz kann auch Massnahmen umfassen, die zwar für das Überleben von möglichst vielen und vor allem verschiedener Arten einstehen, dabei aber auch dem Mensch Raum lassen.

Bei einer alten Weide fast vorne am Reussdamm wenden wir uns flussaufwärts bis zur Brücke in Mühlau. Die zum Teil schnell dahinfliessende Reuss begleitet uns. Ein kurzer Anstieg durchs Dorf zum Bahnhof beschliesst unsere Wanderung.

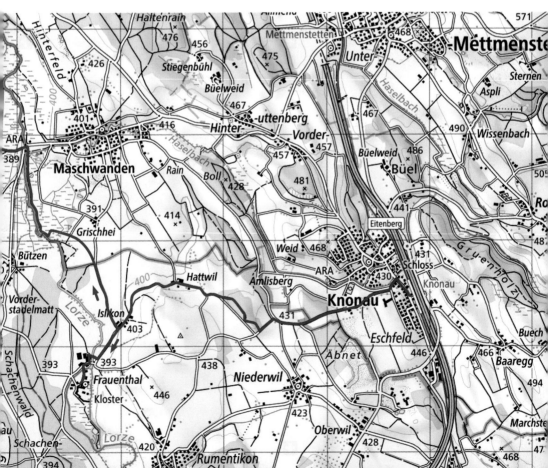

Drumlinlandschaft, von oberhalb von
Brättigen aus gesehen

Unser Wandergebiet östlich und nördlich von Menzingen ist ein Produkt der letzten Eiszeit. Reuss- und Linth-Rhein-Gletscher stiessen hier zusammen und formten Moränen zu länglich-buckligen Hügeln, sogenannten Drumlins (aus dem Irischen für «kleiner Rücken»). Die Bäche der abschmelzenden Gletscher formten Schmelzwasserrinnen, aus denen mit der Zeit Täler wurden. Findlinge und Toteisseen (s. Bild 3, Wilersee) zeugen des Weiteren von der «Schaffenskraft» der Eiszeiten. Auf vielen Drumlinhügeln wachsen heute noch Linden, auf einigen sind es alte Bäume, auf anderen stehen neu gepflanzte, jüngere Bäume. Die Landschaft ist vielförmig und abwechslungsreich. Sie wurde 1993 als «Glaziallandschaft Lorze-Sihl mit Höhronenkette und Schwantenau» ins «Bundesinventar der Landschaften und Naturdenkmäler von nationaler Bedeutung» aufgenommen.

Unweit der Bushaltestelle in Menzingen steht der Wanderwegweiser, der uns Richtung Gubel ins Tal zur Bachmüli hinunterführt. Nach kurzem Anstieg zweigt der Weg beim nächsten Gehöft nach Schwandegg ab.

Auf der Fahrstrasse geht es weiter. Nach dem Bauernhof Grund mit dem grossen Nussbaum vor dem Stallgebäude treffen wir auf einen Baumgarten mit grossen alten Birn- und Kirschbäumen. Solche Baumgärten findet man heute nur noch selten.

Auch auf dem weiteren Weg zur Schwandegg treffen wir einen gepflegten Baumgarten. Links blicken wir auf die Drumlinlandschaft, rechts zieht sich die Hochfläche bis an den Rand des Gottschalkenbergs hin, wo vereinzelte Höfe stehen.

Der Wanderweg führt weiter zum Schloss Schwandegg, das heute der Priesterbruderschaft Pius X. als Generalhaus dient. Ein kurzes Stück weiter befinden wir uns vor einem Drumlin, auf dem eine besonders schöne und grosse Linde steht.

Zurück beim Schloss führt unsere Wanderung durch ein Waldstück. Im Tal unten zweigen wir vor dem übernächsten Bauernhof links ab und wandern zum Wilersee. An der Hauptstrasse treffen wir auf einen rötlichen Verrucano-Findling aus dem Glarnerland, welcher der Linth-Gletscher zurückgelassen hatte. Nach dem Queren der Hauptstrasse stehen wir am idyllisch gelegenen See.

Der als Naturschutzgebiet ausgewiesene Wilersee ist auf der Ostseite leicht zugänglich; ein Steg und eine Holzplattform laden zum Verweilen ein oder im Sommer gar zu einem erfrischenden Bad. Entstanden ist der See nach der letzten Eiszeit. Ein Eisblock, sogenanntes Toteis, blieb vor dem zurückweichenden Gletscher liegen. Zunächst von Geröll und Kies zugedeckt und geschützt, sank das Material später ab und schmolz allmählich, woraus der Toteissee entstand. Der etwa 20 Meter tiefe See hat keinen Abfluss.

Wir setzen unsere Wanderung durch die Moränenlandschaft fort. Bei Hintercher treffen wir auf ein kleines Moor und haben einen schönen Ausblick auf die Moränenhügel. Ein kleines Tal setzt sich von hier in nordwestlicher Richtung fort. Es handelt

Abb. 1: Baumgarten beim Bauernhof Grund
Abb. 2: Drumlin mit Linde im Gebiet Schwandegg
Abb. 3: Der Wilersee, ein Relikt aus der Eiszeit
Abb. 4: Neupflanzung im Gebiet Chnächtlischwand
Abb. 5: Birnbäume in Brättigen

6

sich um eine eiszeitliche Schmelzwasserrinne. Wir verlassen hier den Wanderweg und kommen in das vorher erwähnte Tal, dem wir folgen. Die Hänge rund um Chnächtlischwand sind mit neu gepflanzten Obstbaumreihen übersät.

Der nächste Blickfang auf unserer Wanderung sind die alten Birnbäume auf einer Weide am Eingang zum Weiler Brättigen.

Zurück in Menzingen nehmen wir den Wanderweg nach Stalden, vorbei an der Wendelinskapelle. Wir werfen nochmals einen Blick zurück auf die Moränenlandschaft. Bis zu unserem Ausgangspunkt, der zugleich auch das Ende der Wanderung markiert, ist es nun nicht mehr weit.

KURZINFORMATIONEN

Ausgangspunkt
Menzingen, Bushaltestelle Dorf. Mit dem Bus vom Bahnhof Zug nach Menzingen, Fahrplanfeld 60.602, Linie 2, Halbstunden-Takt, in den Spitzenzeiten alle 10 min

Endpunkt
Menzingen, Bushaltestelle Dorf. Von Menzingen mit dem Bus nach Zug; wie bei der Anfahrt.

Gehzeiten
- *Menzingen–Schwandegg–Wilersee: 50 min*
- *Wilersee–Hintercher–Abzw. Chnächtlischwand–Brättigen-Kapelle Stalden–Menzingen: 55 min*

Kartenmaterial
LK 1: 25 000 Zug, Nr. 1131

Charakteristik
Wanderung ohne grosse Höhendifferenz, kurzer Anstieg zur Kapelle Stalden. Hartbelag bis Bauernhof Grund sowie vor dem Wilersee und von Chnächtlischwand bis Brättigen.

Abb. 6: Blick zurück auf die Drumlinlandschaft

LINDEN UND DER PAKT MIT DEM TEUFEL

«Zu Urzeiten, als die ersten Menschen nach Neuheim und Menzingen kamen, begannen sie die Wälder zu roden, Häuser zu bauen, Acker-bau und Viehwirtschaft zu betreiben und lebten mit ihren Familien und Sippen glücklich und zufrieden. Die Familien wuchsen und bald ge-nügten das Land und die Höfe den zahlreichen Nachkommen nicht mehr. Mit einer Abordnung baten sie den lieben Gott, ihnen mehr Land zu schenken. Doch Gott war nicht bereit, ihnen diese Bitte zu erfüllen und ermahnte sie zu mehr Bescheidenheit und Zufriedenheit. In ihrer Enttäuschung nahmen sie Kontakt mit dem Teu-fel auf, der sich voll Freude bereit erklärte, ihren Wunsch zu erfüllen. Schon am nächsten Tag kamen viele Teufel auf den Berg, vergruben sich tief in die Erde und begannen, mit ihren Schul-tern diese empor zu heben, damit die dadurch entstehenden Hügel die Fläche vergrösserten. Darob waren die Leute überglücklich und zum Dank schworen sie dem Teufel ewige Treue. Doch als sie sich an die Bewirtschaftung dieses Landes machten, merkten sie, dass die Arbeit an diesen Hügeln viel mühsamer war als vorher auf dem flachen Land, und dass sie also vom Teufel betrogen worden waren. Weil der Teufel Kreuze und Linden hasste, setzten die Leute, um sich an ihm zu rächen, auf jeden Hügel ein Kreuz oder eine Linde. Zum Ärger des Teufels stehen diese bis zum heutigen Tag.»

Der Historiker J. Winkler aus Hirzel (gest. 2013) meint, dass es sich bei den bis zu 200 Jah-re alten Linden um Erinnerungsbäume handelt; zum einen als Erinnerung an politische Ereignis-se, zum anderen als Erinnerung an die Geburt von Stammhaltern auf den umliegenden Höfen.

21 | Richisau (GL)

Ein Bergahorn-Kleinod im Klöntal

Bergahorne in Richisau

Wer ein einziges Mal die Klöntaler Einsamkeit bei günstigem Lichte geschaut, der kann das Bild zeitlebens nicht mehr vergessen. Kehrt man eben frisch von dort zurück, so gemahnt einen jedes andere Gebirge an Unkraut.» So begeisterte sich der Schriftsteller Carl Spitteler über «einen der allererlesensten Landschaftsgenüsse, die es auf Erden gibt.». Mitte des 19. Jahrhunderts schon schwärmten Gäste von der Naturidylle in Richisau und vom Ahornhain als einer der schönsten Haine weit und breit. J. G. Steffan, Rudolf Koller und weitere fünf Malerkollegen verbreiteten in den Jahren 1856–59 den Ruhm von Richisau. Hier komponierte Hermann Götz seine Oper «Der Widerspenstigen Zähmung» und der Zürcher Geologe Albert Heim war hier Stammgast.

Der gepflegte und sorgfältig erneuerte Ahornhain bildet den Rahmen für das neue Gasthaus Richisau. Beim Parkplatz und auf der Seite zum Bach hinunter, vor allem aber hinter dem Gasthaus, stehen die mächtigen

uralten Gesellen neben neu gepflanzten jungen Bäumen.

Mitten unter den Ahornen stellte der österreichische Steinbildhauer K. Prantl einen blauen Bahia-Granit hin, den er ab 1981 als «Kunstschaffender vor Ort» über die Sommermonate bearbeitete.

Das Gasthaus Richisau ist während des Sommerhalbjahres geöffnet. Eine Einkehr lohnt allemal. Dieses ist auch Ausgangspunkt für Wanderungen Richtung Glärnischhütte und Silberen, einer einmaligen Karstlandschaft mit dem grössten bekannten Höhlenlabyrinth der Schweiz, dem Hölloch, oder Richtung Pragelpass und Bödmerenwald, dem ältesten Urwald der Schweiz.

Unsere Wanderung führt zurück an den Klöntalersee. Wir folgen dem Wanderwegzeichen nach Vorauen. Auf angenehmem, schattigem Weg geht es parallel zur Fahrstrasse seewärts. Bald kommen wir in offenes Gelände und blicken auf den See und die steil ansteigenden Felsflanken des Glärnischmassivs, dessen Wände über 2000 Meter über dem See aufragen. Der See entstand durch einen mächtigen prähistorischen Bergsturz. Auf der Ostseite bei Rhodannenberg wurde auf die Bergsturzmasse zu Beginn des 20. Jahrhunderts ein Erddamm gebaut, um das Wasser für die Energiegewinnung zu nutzen.

Nach einem kurzen Stück auf der Fahrstrasse erreichen wir Plätz, ein gemütliches Gasthaus mit einer einladenden Gartenwirtschaft. Auf dem Parkplatz stehen zwei uralte Bergahorne; beim mächtigeren streben zwei Riesenäste auf etwa drei Metern Höhe vom Stamm weg.

Wir wandern weiter auf dem rechten Seeuferweg. Der Zufluss des Sees, die Klön, bildet hier ein geschütztes Auengebiet. Der Felsenweg folgt manchmal ganz nahe dem Wasser, manchmal etwas weiter weg. Bei Deltas von einmündenden Bächen kann man leicht an das Ufer zu Bade- und Feuerstellen gelangen. Interessant ist der Wasser-

fall der Dunggellaui, unter den man sich bei gutem Wetter stellen kann. Aber Vorsicht: Die Wucht des Wassers ist gross, und es lässt sich auch nicht ausschliessen, dass ab und zu ein Stein mit dabei ist.

Eine Felspassage oberhalb des Sees nennt sich Bärentritt. Hier sollen 1799 bei einem Gefecht zwischen Franzosen und den Russen eine grosse Anzahl Soldaten abgestürzt und ertrunken sein. Etwas weiter erreichen wir das Denkmal des Zürcher Dichters und Malers Salomon Gessner.

Abb. 1: Bergahorne in Richisau
Abb. 2: Gasthaus Richisau
Abb. 3: Bergahorne beim Gasthaus Plätz
Abb. 4: Blick auf Klöntalersee mit Glärnisch

Die Landschaft am See, hundertfach von Malern abgebildet und von Dichtern beschrieben, verführte auch Carl Spitteler zu Beginn des letzten Jahrhunderts. Die Spiegelungen im See in den Abendstunden beeindruckten ihn derart, dass er schrieb: «Da unten im Wasser sehen wir das Vrenelisgärtli so deutlich wie in der Luft; jede Linie, jede Farbe, jedes Gehölz des Glärnisch ist genau zu erkennen. Eine solche Farbenhelligkeit des Wiederbildes im Wasser hat man noch nirgends gesehen, das bezeugt das unwillkürliche Staunen, das einen dabei ergreift.» Die Spiegelungen faszinieren, kaum glaubt man seinen Augen!

Weiter zum Zeltplatz Güntlenau und zur Postauto-Haltestelle Rhodannenberg neben dem Staudamm wird der Weg breiter und die Anzahl «Mitwanderer» grösser.

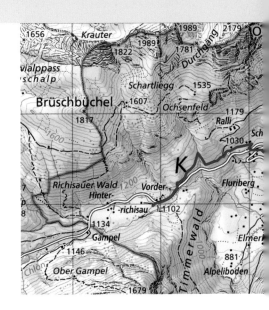

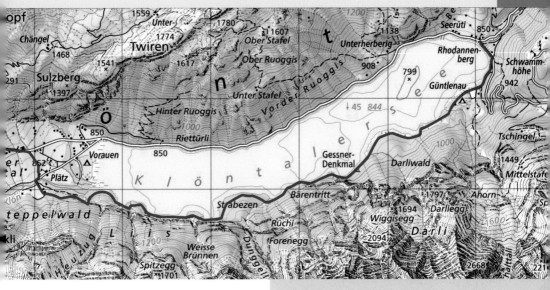

Abb. 5: Am Klöntalersee
Abb. 6: Dunggellaui

KURZINFORMATIONEN

Ausgangspunkt
Gasthaus Richisau, von Glarus mit dem Bus über Rhodannenberg und Vorauen nach Richisau, Fahrplanfeld 72.504.

Endpunkt
Rhodannenberg auf der Ostseite des Klöntalersees. Mit dem Bus zurück nach Glarus, Fahrplanfeld 72.504.

Gehzeiten
* *Von Richisau nach Plätz: 45 min*
* *Von Plätz auf dem rechten Seeuferweg nach Rhodannenberg: 1 h 45 min*

Kartenmaterial
LK 1: 25 000 Klöntal, Nr. 1153

Link
www.gasthaus-richisau.ch

Charakteristik
Unsere Wanderung ist Teilstück der «Via Suworow/55». Im Herbst 1799 zog hier der russische General Suworow mit seinem Heer auf dem Rückzug von den Franzosen durch. Die Etappe 7 von Muotathal über den Pragelpass bis Richisau und Etappe 8 von Richisau dem Klöntalersee entlang bis Glarus sind Teil des Wegs von Airolo bis Ilanz mit insgesamt elf Etappen.

Arve mit imposantem Wurzelwerk

Im Murgtal durchwandern wir, ausgehend von der Ortschaft Murg, in südlicher Richtung von den Kastanienhainen oberhalb des Walensees bis zu den Arvenbeständen beim Murgsee und auf Mürtschen in alpiner Bergwelt alle Stufen der Vegetation. Das obere Murgtal erreichen wir vom Bahnhof Murg aus mit dem Murgtal-Bus (kein fester Fahrplan, Tel. 081 738 14 41) oder mit dem Auto (Parkplatz P1 Bachlaui, Parkgebühr: CHF 10.–). Hier ist der Start des Rundwegs zum Murgsee und über Mürtschen wieder zurück. Am Wochenende ist das Murgtal gut besucht, der Parkplatz meist besetzt.

Durch ein Weidegebiet mit einzelnen Bergahornen steigt der Weg steil an. Rechts ist das Rauschen des Murgbaches zu hören. Wir kommen bei der Alp Mornen vorbei. Am Morgen, wenn dieser Teil des Wegs noch im Schatten liegt, ist es hier angenehm zu Wandern. Beim letzten Haus in Schwarzton treffen wir auf eine Infotafel zum Arvenreservat. Jetzt geht der Weg in einen schmaleren, «richtigen» Wanderweg über und steigt in ein paar gepflästerten Kehren steil an. Am Wegrand sind erste Arven auszumachen; der Wald wirkt anders, besonders, die Gegend wilder und geheimnisvoll.

Die Arve ist erkennbar an den fünfnadeligen Büscheln und ihrer manchmal «abenteuerlich» aussehenden, durch Lawinen,

Blitz oder Sturm geformten Erscheinung. Der Arvenwald im Gebiet Murg und Mürtschen ist das nördlichste Vorkommen in der Schweiz. Die Bäume verschiedener Altersstufen wachsen hier in lockerer Verteilung nebeneinander, bevorzugt auf Felsblöcken, wo der Schnee kürzere Zeit liegen bleibt. Bis 600 Jahre alte Bäume mit einem Stammdurchmesser von über einem Meter sollen hier stocken. Eine Altersbestimmung ist aber nicht ganz einfach, da die alten Stämme meistens hohl sind. Im 1 800 ha grossen Naturwaldreservat wird auf die Holznutzung verzichtet. Erhaltung und Förderung der Arven haben hier Priorität. Das Gebiet Murgtal/Mürtschental ist daher heute im Bundesinventar der Landschaften und Naturdenkmäler von nationaler Bedeutung (BLN) aufgelistet.

Die Alp Guflen mit der Alphütte an einer Felswand mutet schon richtig alpin an. Ab hier führt der Weg oberhalb des Unteren Murgsees weiter aufwärts, von wo wir einen Blick auf die Wasserfläche und ein überraschend klares Spiegelbild der gegenüberliegenden Berggipfel werfen können.

Hier weitet sich der Blick auf das Hochtal mit dem See und auf die umgebenden Berggipfel Bützistock, Gufelstock, Schwarzstöckli, Murgseefurggel und Etscherzapfen. In der Murgseehütte machen wir Rast. Bekannt ist sie bei Fischern, die hier im klaren Wasser des Bergsees ihrem Hobby frönen können.

Abb. 1: Bergahorne, am frühen Morgen noch im Schatten
Abb. 2: Kleine Arven beim Aufstieg
Abb. 3: Mystische Stimmung beim Aufstieg zum Murgsee
Abb. 4: Unterer Murgsee, im Spiegelbild erscheint das «Hochmättli»
Abb. 5: Oberer Murgsee, links der Bildmitte die Murgseehütte

Mit 1985 m ü. M. erreichen wir auf der Murgseefurggel am Übergang zu Mürtschen den höchsten Punkt unserer Wanderung. Ein Stück weiter bergab kommen wir zu den ersten dicken Arven. Wir sind nun im Waldreservat Mürtschental im Kanton Glarus. 2013 gegründet, umfasst das Gebiet eine Fläche von 236 ha, welches im oberen Teil hauptsächlich mit Arven bestockt ist. Das Wohl des Arvenwaldes hängt mit dem Tannenhäher, einem Rabenvogel, zusammen. Dieser legt sich einen Wintervorrat an Arvennüsschen an, die er dann (zum Glück für den Wald) nicht mehr alle findet, worauf diese keimen und neue Arven entstehen können.

Ein zweistämmiges Exemplar finden wir am Wegrand, ein Teil seiner Wurzeln ist über einen Felsen gewachsen. Von hier aus haben wir auch einen Überblick auf den gesamten Arvenwald von Mürtschen. Immer im Anblick der Südwand des Mürtschenstockes folgen wir dem Wanderweg abwärts und passieren dabei noch ein paar weitere, bemerkenswerte Arven.

Bis zur Abzweigung nach Robmen auf 1616 m ü. M. herrrschen die Arven vor, anschliessend nimmt der Bestand an Fichten wieder überhand. Oberhalb Unter Mürtschen und entlang des Gsponbachs – auffällig sind die roten Verrucano-Blöcke – schliessen wir die Rundwanderung nach einem steilen Stück auf der rechten Seite des Gsponbachfalls bei P1 ab.

Abb. 6: Arven in Mürtschen
Abb. 7: Arven in Mürtschen, bevorzugt wachsen sie auf Felsblöcken
Abb. 8: Blick zurück: Gsponbachtal und Mürtschenstock
Abb. 9: Selve

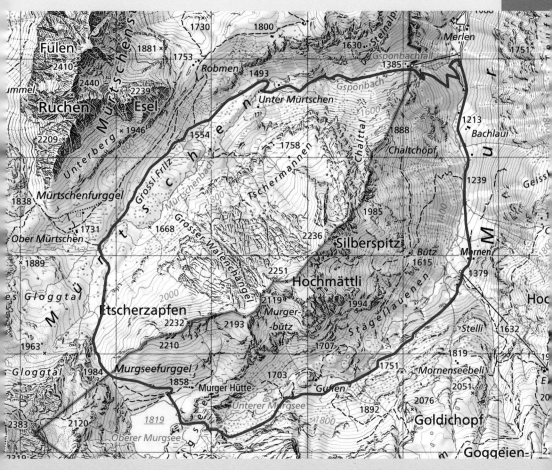

KURZINFORMATIONEN

Ausgangspunkt

P1 Bachlaui im Murgtal.
Mit dem Zug nach Murg mit der Linie Zürich–
Ziegelbrücke–Sargans, Fahrplanfeld 900.
Mit dem Auto Ausfahrt Murg (47) an der
Walenseestrecke.
Weiter mit dem Rufbus Murgtal (081 738
14 41) oder mit dem Auto bis P1 Bachlaui
(Parkticket 10 Fr.)

Endpunkt

Wie bei der Anfahrt.

Gehzeiten

• *P1 Bachlaui, 1160 m ü. M.–Mornen–*
Guflen–Oberer Murgsee/Murgseehütte,
1818 m ü. M.: 2 h 15 min

• *Murgseehütte–Murgseefurggel, 1985 m ü.M.–*
Ober Mürtschen–Unter Mürtschen–Gspon–
P1 Bachlaui: 2 h 30 min

Kartenmaterial

LK 1: 25 000 Spitzmeilen, Nr. 1154
Berggasthaus Murgseehütte, geöffnet Anfang
Mai bis Ende Oktober
www.murgsee.ch

Kastanienweg

Dank Föhn und sauren Böden wachsen über
Murg am Eingang ins Murgtal Edelkastanien.
Ein Kastanienweg (grosser und kleiner Rund-
gang) geben uns Einblick in alte Kastanien-
wälder und in eine frisch gepflanzte Selve
(Hain). Auch die Murgbachschlucht und ein
Wasserfall können unterwegs besucht werden.
Weitere Infos auf www.kastaniendorf.ch

23 | Maienfeld/Fläsch (GR)

Eichenhain im Gebiet «Bovel»

Maienfeld, Ausgangsort unserer Wanderung, liegt an der Bahnlinie Sargans–Chur. Durch das Städtchen folgen wir dem Wanderweg nach St. Luzisteig. Bald kommen wir ins Weinbaugebiet und nach dem Hof «Bündte» in einen alten Weidewald im Gebiet «Bovel». Auf beiden Seiten unseres Weges stehen Baumreihen mit dicken Eichen und Buchen. Auf der Weide verstreut wachsen weitere alte Eichen. Wir befinden uns hier in einer einmaligen Kulturlandschaft! Die Eichen lieferten früher nebst Bau- und Brennholz auch Eicheln, die der Schweinemast dienten. Die Bäume boten den Nutztieren aber auch Schutz und Unterstand.

Der Wanderweg führt hinauf zu einem Schopf an der Fahrstrasse, der heute als Informationsraum dient. Von hier geht ein schmaler Grasweg in südöstlicher Richtung weg. Nach etwa 100 Metern treffen wir auf eine riesige Buche mit einem Stammumfang von 7,50 Metern, deren Alter auf 250 Jahre geschätzt wird. Beeindruckend sind der äusserst lebendige, zerfurchte Stamm und die mächtigen Wurzeln, die sich wild in alle Richtungen ausstrecken. Stammdurchmesser von über zwei Metern sind bei Buchen sehr selten. Das erreichen sie nur, wenn sie frei stehen und ihre Kraft nicht in das Höhenwachstum investieren müssen.

Ein Kleinod ist der Weidewald mit den 200- bis 300-jährigen Eichen und Buchen, der sich hier weiter hangaufwärts erstreckt. Dahinter erheben sich die Berge des Rätikons an der Grenze zum Fürstentum Liechtenstein mit dem wohl bekanntesten Gipfel, dem Falknis.

Abb. 1: Eine der dicksten Buchen der Schweiz
Abb. 2: Eichenhain «Bovel», Blick in Richtung Rätikon, im frühen Herbst
Abb. 3: Eichenhain «Bovel», in der Nähe des Informationsraums stehen die Eichen recht dicht.

Fläsch ist bekannt geworden, weil es 2010 für seine Ortsplanung mit dem Wakkerpreis ausgezeichnet worden ist. Das Dorf liegt am Fuss der steilen Felswände des Fläscherbergs. Seine Grenze bildet im Südwesten der Rhein, der bis zur Korrektion von 1883 durch die Ebene mäandrierte und Riet und Sumpflandschaften zurückliess. Bis in die 1970er-Jahre veränderten sich Grösse, Form und Struktur der Siedlung kaum. Die Fläscher Bauern betrieben Ackerbau, Viehwirtschaft, Obst- und Weinbau an den Hängen bis auf St. Luzisteig hinauf und ins Fürstentum Liechtenstein. Die Gesamtmelioration um 1970 ergab dann eine neue Ausgangslage: Die zahlreichen kleinen Rebberge konnten zusammengeschlossen und die Gesamtfläche für den Rebbau vergrössert werden. Heute keltern 14 Winzerinnen und Kellermeister ihren Wein, der – zusammen mit den Weinen aus den Nachbargemeinden Malans, Jenins und Maienfeld als «Herrschäftler», also aus der «Bündner Herrschaft» kommend, bekannt ist. Die Gesamtmelioration führte aber auch zu einer enormen Siedlungsentwicklung, sodass um den Dorfkern nun ein Gürtel von neuen Einfamilienhaus-Quartieren entstanden ist. Durch die neue Ortsplanung sollen die Weinberge und Obstgärten, die weit in den Dorfkern reichen, vor Überbauung geschützt und Neubauten an den Siedlungsrand verbannt werden. Eine Verdichtung findet also am Dorfrand statt und nicht im Dorfkern. So werden das noch intakte Ensemble des Weinbaudorfes und die Einbettung des Siedlungsraums in die Kulturlandschaft erhalten.

Durch den unteren Teil des Dorfes wandern wir der Fahrstrasse entlang Richtung Bad Ragaz. Nach einer Linkskurve erreichen wir bei einem Parkplatz und einer Infotafel

Ein kurzes Stück weiter auf der Fahrstrasse, dann über die Weide und durch den Wald, geht es dem Wanderweg nach Richtung Fläsch. Nach einiger Zeit kreuzen wir die Hauptstrasse zum St. Luzisteig-Pass. Abwärts folgen wir einem trockenen Bachbett, kommen auf eine Wiese und immer noch am Rande des Baches zu einer Brücke. Wir überqueren diese und gehen dann abwärts bis zur Hauptstrasse und nach Fläsch ins Dorf.

Abb. 4: Birnbaumallee in Fläsch
Abb. 5: Birnbaumallee in Fläsch anfangs Herbst

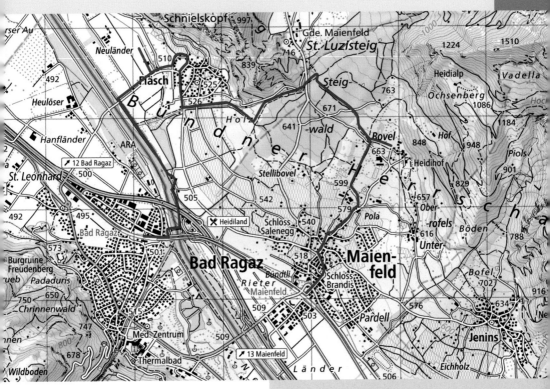

eine Hochstamm-Birnbaumallee. Durch die Rheinkorrektion Ende des 19. Jahrhunderts ergab sich wertvolles Kulturland in der Ebene. Aus dieser Zeit stammt auch die Allee. Sie führt vom Parkplatz in nördlicher Richtung weg und verzweigt sich dann in eine «Naturstrassen-Allee» und eine etwas längere «Teerstrassen-Allee». Der Obstbau war einst ein wichtiger Teil der heterogen ausgerichteten lokalen Bauernbetriebe. Heute spielt der Obstbau wirtschaftlich nur noch eine untergeordnete Rolle. 1999 wurden die siebzig über 120 Jahre alten Birnbäume mit zwanzig jungen Bäumen wieder zu einer «richtigen» Allee ergänzt.

Für den Rückweg können wir zwei Varianten wählen: entweder zurück ins Dorf und durch die Weinberge nach Maienfeld, oder über das Feld und auf dem Rheindamm zum Bahnhof Bad Ragaz.

KURZINFORMATIONEN

Ausgangspunkt
Maienfeld an der Bahnlinie Sargans–Chur, Fahrplanfeld 900.

Endpunkt
Maienfeld bzw. Bad Ragaz.

Gehzeiten
- *Bahnhof Maienfeld–Buche: 30 min*
- *Buche–Steigwald–Fläsch, Parkplätze bei der Birnbaumallee: 45 min*
- *Birnbaumallee Fläsch–Bahnhof Bad Ragaz: 35 min oder Birnbaumallee Fläsch–Bahnhof Maienfeld: 1 h*

Kartenmaterial
LK 1:25 000 Sargans, Nr. 1155

Links
www.flaesch.ch
www.wein-flaesch.ch
Ferienregion Heidiland:
www.heidiland.com

Arve in God Tamangur

Tamangur! Das pocht so weich und schmeichelnd, etwas fremd und zauberhaft an unsere Seele. Plötzlich singt und schwingt etwas in unserem Innern, eine wundersame Sehnsucht nach Wald, Berg und Einsamkeit und Frieden. Das alles schliesst das Wort ‹Tamangur› in sich: Einsamkeit, Stille und vor allem Frieden. Weit hinten im Herzen des

S-charl-Tales lebt und träumt der Arvenwald. Fernab vom Treiben der unruhigen Welt bekleidet er einen steilen, rauen Berghang und ist wie ein vergessenes Stück Land aus Urzeiten.» Kein anderer Schweizer Wald ist so sagenumwoben wie der Bergwald von Tamangur. Niemand hat ihn so anschaulich beschrieben wie Domenic Feuerstein in seinem Buch «Der Arvenwald von Tamangur», welches 1939 erschienen ist.

Das Val S-charl erreichen wir von Scuol aus. Von Ende Mai bis Ende Oktober fährt viermal täglich ein Postauto hier hinauf, in den Monaten Juli bis Oktober sogar achtmal. Das Dörfchen ist auch mit dem Auto auf einer z. T. naturbelassenen Strasse erreichbar. Der (kostenpflichtige) Parkplatz befindet sich ausserhalb der Siedlung. Bis Anfang des 19. Jahrhunderts wurde in der Gegend silberhaltiger Bleiglanz und Eisenerz abgebaut, das Dörfchen S-charl stand im Zentrum des Bergbaus. Einige Ruinen vor dem Dorf, ein Museum und das neu renovierte Knappenhaus am Dorfplatz zeugen von dieser Zeit. Als der Bergbau sich nicht mehr rechnete, wurde es still im Dorf. Heute ist S-charl ein Sommerdorf; es gibt zwei Gasthäuser, eine romanische Kirche, am Hang des Mot Madlain ein paar Ferienhäuser. Im Winter liegt der Ort wie ausgestorben da, nur mit der Pferdekutsche ist er noch erreichbar. Ein Paradies für Langläufer und Schneeschuhwanderer, die dann eine unberührte Gegend vorfinden! Wenige Schritte vor dem Dorf steht das Museum Schmelzra. Es zeigt, wie während Jahrhunderten am Mot Madlain Erze von Hand abgebaut wurden. Es beherbergt auch die Sonderausstellung «Auf den Spuren des Bären», die die Geschichte des hier 1904 erlegten letzten Braunbären der Schweiz erzählt.

Am Dorfbrunnen mit dem hölzernen Bären wandern wir vorbei talaufwärts. Die Naturstrasse führt dem Fluss Clemgia entlang, immer leicht ansteigend; ein angenehmer Weg. Nach etwa einer Dreiviertelstunde sind wir bei der Abzweigung zum Cruschetta-Pass, der nach Taufers im italienischen Münstertal führt. Weiter auf der Naturstras-

Abb. 1: Bei der Weggabelung zum God Tamangur
Abb. 2: Erste alte Arve im God Tamangur
Abb. 3: Arvengestalt, vom Wetter gezeichnet
Abb. 4: Arve, im Hintergrund Gebäude der Alp Astras

se erreichen wir nach weiteren zehn Minuten die Weggabelung, wo der Wanderweg links zum God Tamangur führt.

Der Weg steigt jetzt durch lichten Wald und über eine Weide etwas steiler an. Nach einer Weile erreichen wir die verfallenen Gebäude der Alp Tamangur Dadora. Über einen Bach führt der Weg weiter bis zum «Eingang» des God Tamangur. Zuerst stehen die Bäume noch recht weit auseinander, bald wird der Wald jedoch dichter. Jetzt haben wir ihn erreicht: den God Tamangur! Es handelt sich dabei um den höchstgelegene Arvenwald Europas. Der Wald ist nicht gross, etwa zwei km lang und einen halben km breit; umso mehr sollte man sich aber Zeit für ihn nehmen. Es ist dazu auch gar nicht notwendig, den Wanderweg zu verlassen: Die ersten mächtigen Baumgestalten sind bald vom Weg aus zu entdecken.

Wie ein Relikt aus vergangener Zeit, gezeichnet vom Überlebenskampf, von der Sonne schwarz gebrannt, mit ausgebleichten und verdrehten Wurzeln stehen die Arven da, trotzen Wind und Wetter, winden sich um Felsblöcke herum und be- und verharren auf ihrem Platz. Knorrige Äste gehen von den Stämmen weg; Äste, ganze Bäume liegen am Boden, verwittern und vermodern und bilden dabei die Grundlage für neue Bäume. Bis zur Waldgrenze in fast 2 300 Metern Höhe – weiter oben finden wir noch vereinzelt ungemein zähe kleine Bäume – stehen die knorrigen Stämme, von denen die ältesten bis 400 Jahre alt sind und einen Stammumfang von bis zu fünf Metern aufweisen.

Der Wald ist heute der Natur überlassen, es werden keine Bäume gefällt und auch kein Totholz weggeräumt. Wie dieser Wald überleben konnte, wo doch für die Blei- und Silberverhüttung in S-charl Unmengen von Holz gebraucht wurden! Noch vor hundert Jahren wurde er ausgebeutet: Vieh zertrampelte die jungen Bäumchen, und um Weideland zu gewinnen, wurden Teile des Waldes abgebrannt und fleissig Arvenzapfen und

Nadelstreu gesammelt. Dank Schutzmassnahmen hat er sich inzwischen erholt, was nicht nur in erster Linie den Menschen zu verdanken ist; nein, «schuld» ist vielmehr der Tannenhäher: Dieser sammelt die Arvensamen als Nahrung und vergräbt grosse Mengen davon in Verstecken für den Winter. Da er trotz seines guten Gedächtnisses einige davon vergisst, hilft er intensiv an der Verbreitung der Arvensamen mit.

Bald wird der Wald lichter, die Bäume kleiner und dünner. Hier oben verlangt das rauere Klima den Bäumen noch mehr ab, was sich an ihren abenteuerlichen Wuchsformen zeigt. Wir nähern uns nun der Alp Tamangur Dadaint und auf der anderen Seite der Clemgia der Alp Astras. Hier nehmen wir die Naturstrasse zurück nach S-charl. Unterhalb des Gebäudes der Alp Praditschöl führt der Weg oberhalb des in der Ebene mäandrierenden Flüsschens vorbei. Von hier haben wir den ganzen Wald Tamangur nochmals im Blick. Dahinter erheben sich die Spitzen des Piz Murtera.

Im Herbst ist es herrlich, hier zu wandern: der dunkle Arvenwald, weiter unten im Tal die Berghänge mit den flammend gelben Fichten, die Farben der Felsen, von Grün über Grau bis hin zu Schwarz, und darüber die schon etwas verschneiten Gipfel, zuoberst der stahlblaue Himmel: Was will man noch mehr? Den Rückweg nach S-charl der Clemgia entlang finden unsere Füsse von allein.

Abb. 5: Blick zurück auf den Wald vor Tamangur Dadaint
Abb. 6: Bei Plan d'Immez, Blick zurück Richtung Tamangur

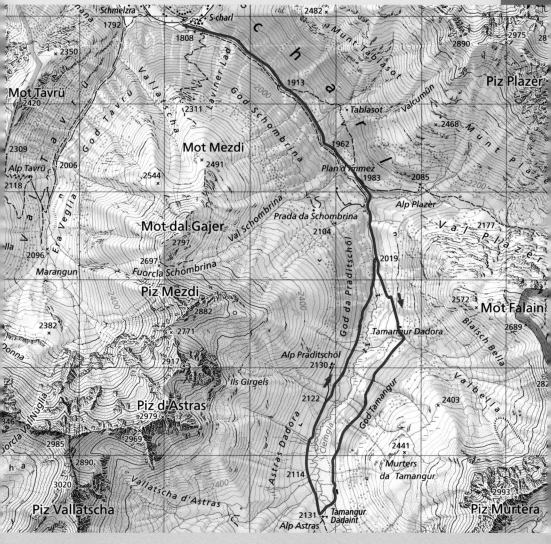

KURZINFORMATIONEN

Ausgangspunkt

S-charl. Nach Scuol-Tarasp mit den SBB, Vereina-Tunnel, Fahrplanfeld 910.

- mit dem Postauto von Scuol nach S-charl, Fahrplanfeld 90.913. Wenige Kurse, nur im Sommer.
- mit dem Auto über Scuol nach S-charl, Parkiermöglichkeit ausserhalb des Dorfes.

Endpunkt

S-charl. Wie bei der Anreise

Gehzeiten

- S-charl, 1810 m–Pkt. 2018, Abzweigung nach Tamangur: 1 h
- Pkt. 2018–Tamangur Dadora–God Tamangur– Tamangur Dadaint–Alp Astras: 1 h
- Alp Astras–S-charl: 1 h 20 min

Kartenmaterial

LK 1:25 000 S-charl, Nr. 1219

Links

Museum Schmelzra in S-charl
www.schmelzra.ch

25 | Valle di Moleno (TI)

Riesenkastanien, Buchen und die Tannen auf der Alpe di Gariss
in einem wenig begangenen Seitental des Tessins

Tanne auf der Alpe di Gariss

Was, hier hinauf? Wie kommen wir da hinauf?» Wir stehen neben der Kirche auf dem Dorfplatz der kleinen Ortschaft Moleno in der Tessiner Riviera und schauen Richtung Valle: Links eine Schlucht, rechts ein Hang, bewaldet, elend steil, darüber lässt sich ein Taleinschnitt erahnen! Es gibt nur eine Richtung: In unzähligen Kehren führt der rot-weiss-rot markierte Bergweg aufwärts. Je höher wir steigen, desto dicker werden die Kastanien. Zum ersten Mal treffen wir die «richtigen» Riesen in der Nähe zweier verlassener Gebäude, die von der ehemaligen Bewirtschaftung der Geländeterrasse zeugen.

Die zum Teil hohlen, verzworgelten und abgestorbenen Riesen stehen heute in dichtem Wald, von der früher gepflegten Selve, dem Kastanienhain, ist nicht mehr viel zu sehen.

Bei der Abzweigung nach Vacaresce steigen wir vorbei, immer noch bergauf, bei der Abzweigung nach Gaisc und Paròn geht es ins Tal hinein. Auch hier muss gesiedelt

Abb. 1: Riesenkastanie bei der Abzweigung nach Vacaresce
Abb. 2: Bogenbrücke auf der Alpe di Ripiano
Abb. 3: Buchen auf der Alpe di Lai
Abb. 4: Die grösste Tanne auf der Alpe di Gariss

worden sein, wir treffen auf ein gutes halbes Dutzend Riesenkastanien. Diese treffen wir auch bei der folgenden Abzweigung, die hinauf nach Bolgri führt. Kommen wir weiter ins Tal hinein, nimmt das Rauschen des Riale überhand, der Lärm vom Tal herauf ebbt ab. Die dickste Riesenkastanie des Tals finden wir beim Queren des Bergsturzgebiets oberhalb der auf einer Sonnenterrasse gelegenen Siedlung Monti di Valle. Der Baum ist aber so zurechtgestutzt, dass von seiner früheren Mächtigkeit nicht mehr viel zu sehen ist. Gehen wir weiter talaufwärts, wird das Rauschen des Cascata, des Wasserfalls, deutlicher hörbar. In drei Wasserfällen stürzt das Wasser des Riale di Moleno von der Alpe di Ripiano hinunter. In einem Bogen erreichen wir die Steinbrücke oberhalb der Fälle.

Buchen lösen die Kastanien ab und sind jetzt die vorherrschende Baumart. Talaufwärts wandern wir weiter auf der orografisch rechten Seite bis zur Alpe di Lai. Der Riale überrascht uns mit ein paar Becken grünen Wassers, die zu einer Erfrischung einladen. Wunderschön, aber eisig kalt! Kurz nach der Alpe di Lai stossen wir am Hang auf eine Gruppe von fünf riesigen Buchen. Die hellen Stämme, wenig mit Moos bedeckt, leuchten durchs Unterholz. Die dickste Buche hat einen Brusthöhenumfang von beachtlichen 4,20 Metern.

Wenn wir weiter aufsteigen, ändert die Vegetation; es kommen Lärchen und (Weiss-)Tannen dazu. Auf der Alpe di Gariss angekommen, öffnet sich vor uns der Talkessel – und was für ein Ankommen: die Lärchen stimmen sich auf Herbstfärbung ein, braunrot leuchten die Buchen, die Felsen im hinteren Talabschluss sind Mitte Oktober schon verschneit, und majestätisch erheben sich in diesem Paradies die Tannen. Die dickste, auf die wir zuerst treffen, hat trotz eines abgesprengten Seitenstamms einen Brusthöhenumfang von 8,10 Metern. Wie alt die Tannen hier sind, ist schwer abzuschätzen. Ein Alter von 500 bis 600 Jahren ist durchaus möglich.

Drei weitere Riesen schaffen es auf einen Brunsthöhenumfang von zwischen fünf und sechs Metern. Beeindruckende, wunderschöne Bäume sind das. Wir müssen uns von diesem Ort losreissen, das «Bild» auf dieser Alp ist so stimmig, dass es ungemein schwerfällt, den Rückweg wieder anzutreten. Übrigens: Der lateinische Name der Tanne, «abies», kommt von «abire», «sich erheben», was mit der Höhe, die sie erreichen, zu tun hat. Es ist wirklich ein «erhabenes» Gefühl, das einen erfasst, hier vor diesen Riesen zu stehen!

Am Nordhang sind hier jetzt Fichten und Buchen vorherrschend, ein paar dicke Buchen treffen wir unterwegs. Für den Weg bis Cher, der ca. anderthalbstündig ist, ist Trittsicherheit erforderlich, da er ein paar Mal nahe am Abgrund entlangführt; bei Nässe ist der Weg nicht zu empfehlen, auch ist ein Seitenbach des Riale, der bei Regen schwierig zu überschreiten ist, zu überwinden. An exponierten Stellen sind Gitter angebracht; für Kinder ist diese Variante aber nicht empfehlenswert. Erreichen wir den Aussichtspunkt Cher, geniessen wir den Blick ins Tessin-Tal aufwärts bis ins Bleniotal und abwärts Richtung Bellinzona bis zum Taleingang des Misox. Unterhalb von Cher kommen wir nochmals in ein Gebiet mit Riesenkastanien. Auffallend ist hier, dass viele abgestorben sind. Stümpfe stehen am Weg, wie die Leiber von riesigen Tieren liegen gefallene Bäume am Boden, so z. B. bei der verlassenen Siedlung Cassinetta.

Unten im Tal ist es von Preonzo nicht mehr weit bis zu unserem Ausgangspunkt bei der Kirche Moleno.

Abb. 5: Die Tannen auf der Alpe di Gariss
Abb. 6: Abgestorbene Riesenkastanie beim Abstieg über «Cher»
Abb. 7: Jungwuchs umgibt den Strunk einer Riesenkastanie beim Abstieg über «Cher».

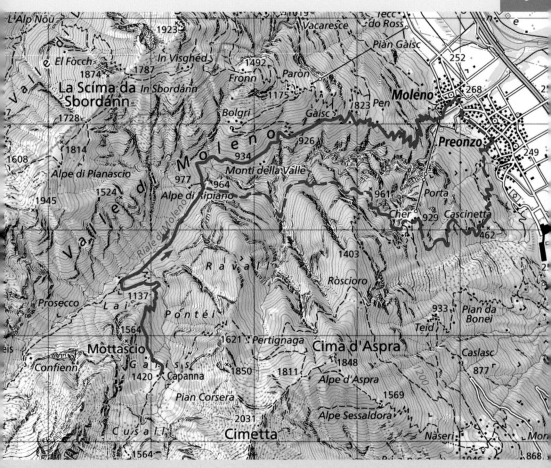

KURZINFORMATIONEN

Ausgangspunkt

Moleno. Mit dem Zug nach Biasca an der
Gotthardlinie, Fahrplanfeld 600. Weiter mit
dem Bus von Biasca nach Moleno, Linie
Biasca–Iragna–Bellinzona, Fahrplanfeld
62.193.

Endpunkt

Moleno. Wie bei der Anfahrt.

Gehzeiten

- Moleno, 268 m ü. M.–Monte Gaggio–Alpe di
  Ripiano, 949 m ü. M: 2 h 35 min
- Alpe di Ripiano–Alpe di Lai–Alpe di Gariss
  1 h 30 min

Rückweg:

- Alpe di Gariss–Alpe di Lai–Alpe di Ripiano–
  Moleno: 2 h 30 min bis 3 h

Variante «Cher»:

- Alpe di Ripiano–Cher, 930 m ü. M.: 1 h 25 min
- Cher–Preonzo, 250 m ü. M.–Moleno,
  268 m ü. M.: 1 h 15 min

Kartenmaterial

LK 1:25 000 Osogna, Nr. 1293
Allein schon die Tannen auf der Alpe di Gariss
lohnen die 1 150 Meter Auf- und Abstieg!
Die Capanna Gariss, Ausgangspunkt für Berg-
wanderungen hinüber ins Verzasca-Tal, ist
von Mai bis Oktober geöffnet, nicht bewartet,
mit Kochmöglichkeit, und weist 17 Betten auf.

Alte Buche im Valle di Lodano

Die Bushaltestelle Lodano, vorne an der Maggia, ist fünf Minuten vom Dorf entfernt. Durch den alten Dorfkern steigen wir rasch auf dem weiss-rot-weiss markierten Bergweg an, der durch Kastanienwald auf zum Teil kunstvoll angelegten Treppenstufen führt. Diese Wege waren über Jahrhunderte die Zugänge zu den Alpen. Heute profitieren die Wanderer davon; für ein unvergessliches Erlebnis. Der Weg wechselt dann bald nach einem Aussichtspunkt auf den Nordhang. Am Schluchtrand geht es ins Tal hinein; der Kastanienwald wird von (Rot)Buchenwald abgelöst und erste dicke Bäume fallen uns auf. Wir sind im Naturwaldreservat angelangt. Das Projekt, 2010 gestartet und für 50 Jahre ausgelegt, unterbindet eine forstwirtschaftliche Nutzung. Mit der Zeit wird sich hier der Wald im Zustand eines Primärwaldes zeigen, d.h., es wächst das, was gemäss den natürlichen Bedingungen hierher gehört: In tieferen Lagen sind die Hauptbaumarten die Kastanienbäume, weiter oben Buchen und in der subalpinen Zone Lärchen. Die Wälder hier wurden vor allem im 19. Jahrhundert stark genutzt. Davon zeugen auch die Köhlerplätze, grössere, eingeebnete Orte, auf

die wir ab und zu stossen. Nach einem Halt bei der Kapelle del Pedro weiter talaufwärts nimmt der Verkehrslärm aus dem Maggiatal ab, das Rauschen des Flusses, des Rio di Lodano, ist nurmehr zu hören. Bei Castello, einem Weiler unterwegs, überqueren wir den Fluss. Hier hat sich ein Auenwald mit Erlen, Pappeln und Weiden ausgebreitet.

Wir steigen auf dem Bergweg noch weiter Richtung Canaa zu den schönsten und beeindruckendsten Buchen des Tales. Es lohnt sich, diesen Weg bis Pt. 1047 zu machen, dem Einschnitt des Val di Ronsgiaa. Schon kurz nach Castello treffen wir die Riesenbäume mit enormem Wurzelwerk und grossflächigen Wurzeltellern, die am Hang Halt suchen. Wir treffen Stämme mit aufgerissener Rinde, überdeckt mit Auswüchsen; es sind Bäume, gekennzeichnet von Wind und Wetter, vielleicht 150, vielleicht auch 200 Jahre alt. Kein Baum gleicht dem anderen. Die Buche ist ein Schattholz; das geschlossene Blätterdach verunmöglicht jungen Bäumen das Wachsen. Das geht nicht nur jungen Buchen so, wenn überhaupt, bekommen höchstens Hasel oder Hainbuchen hier eine Chance. Viele Buchen können Jahrzehnte im Unterholz auf eine Lücke im Kronendach warten, um dann etwas Licht als Startsignal zum Wachsen zu benutzen. Wir können sogar beobachten, dass die jungen Bäume vorerst in die Breite wachsen, um etwas Licht zu erhaschen. Auf ein Höhen-Wachstum zu setzen, wäre keine erfolgversprechende Idee. Es ist sogar so, dass der junge Baum «darauf achtet», dass kein Blatt im Schatten eines anderen eigenen Blattes zu liegen kommt. Kein Kraut wächst am Boden, und wenn, dann sind es nur frühblühende Arten, die ihre Chance vor dem Laubaustrieb der Buche packen müs-

Abb. 1: Castello, ein Weiler im Valle di Lodano
Abb. 2 bis 6: Buchengestalten im Valle di Lodano

sen. Dieses «Schattendasein» nützt natürlich
auch den Buchen selber. Ihr Stamm ist nicht
mit einer dicken Rinde geschützt, d.h. für
Sonnenschutz muss sie selbst besorgt sein.

Für den Rückweg von Castello wieder hinunter nach Lodano wählen wir den Weg
über Canigee und Solada. Nach dem Queren eines Seitentals stellen wir einen Wechsel
fest: die Buchen treten zurück, der Hang ist
mehr der Sonne zugewandt, Kastanienwald
nimmt überhand: das Buchenlaub und die
Bucheckern am Boden werden durch Kasta-
nienschalen und -blätter ersetzt. Eine erste
mächtige Kastanie zeigt die Siedlung Canigee an. Weitere Riesen stehen oberhalb des
Weges in der heute mit Birken durchsetzten

ehemaligen Selve, dem Kastanienhain in der Nähe der Häuser, wo die Bäume über Jahrhunderte gepflegt wurden. Einige bestehen nur noch aus dem verdorrten Hauptstamm; manchmal gruppieren sich junge Kastanien um verzworgelte wilde Stammreste.

Die Riesenkastanien zeigen sich oft nicht als «Schönheitsköniginnen», voll Kraft und in vollkommener Form, sondern als tote, zerfallende Bäume, die uns daran erinnern, dass etwas Endliches, Totes, entgegen einer heute weitverbreiteten ästhetischen Haltung, auch (wunder)schön sein kann. Es kann ja Jahrzehnte oder gar Jahrhunderte dauern, bis ein solcher Riesenbaum zu Humus geworden ist. In diesen Phasen des Zerfalls wechseln das Erscheinungsbild des Baumes und die Farbe(n) mehrfach. Das ist enorm faszinierend: mit etwas Fantasie werden dadurch in unserer Vorstellung die Bäume zu Wesen wie Waldgeister oder Kobolde. Das macht die eigentliche Faszination dieser Wanderung aus: Im Aufstieg treffen wir auf die aussergewöhnlich kraftvollen (Wuchs-)Formen der Buchen, auf dem Rückweg auf die Riesenkastanien in allen ihren Erscheinungen vom Jungwuchs bis zu jahrhundertealten vermodernden Baumgestalten.

Nach dem Aussichtspunkt Sola geht der Weg in Kehren hinunter nach Solada. Gleich nach dieser Siedlung treffen wir auf viele abgestorbene Riesenkastanien. Sie begleiten uns bis hinunter nach Ronchi, von wo der Weg nicht mehr weit zu unserem Ausgangspunkt ist.

Abb. 7: Riesenkastanie am Weg nach Sola
Abb. 8, 9: Riesenkastanie am Weg von Solada nach Ronchi

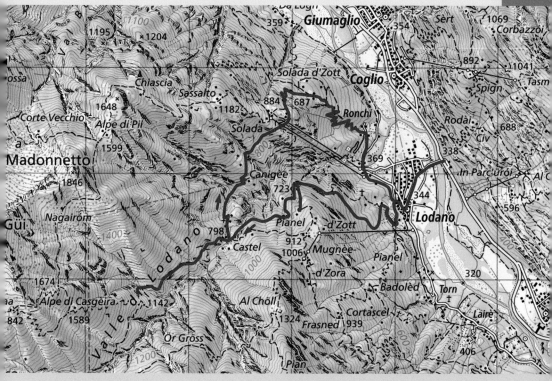

KURZINFORMATIONEN

Ausgangspunkt

Lodano. Mit dem Zug nach Locarno, umsteigen in Bellinzona, Fahrplanfelder 600 und 632. Dann mit dem Bus nach Lodano, Valle Maggia, Fahrplanfeld 62.315, stündliche Verbindungen.

Endpunkt

Lodano. Wie bei der Anfahrt.

Gehzeiten

- Bushaltestelle Lodano–Lodano: 5 min
  Lodano, 341 m ü. M.–Kapelle del Pedro–
  Castello, 804 m ü. M.: 1 h 20 min
- Abstecher zu den Riesenbuchen bis Pt. 1047:
  1 h für hin und zurück.
- Rückweg: Castello–Canigee–Sola–Solada–
  Ronchi–Lodano: 1 h 30 min
  Bei Nässe ist der Weg nicht zu empfehlen;
  nasses Laub ist rutschig! Trittsicherheit ist
  nötig bei einer mässig ausgesetzten Stelle vor
  Castello.

Kartenmaterial

LK 1:25 000 Maggia, Nr. 1292; der südl.
Teil des Valle di Lodano auf Blatt Locarno,
Nr. 1312

Im Dezember 2016 hat der Bundesrat eine Liste für zukünftige Kandidaturen der UNESCO-Welterbestätten gutgeheissen. Die Buchenwälder im Valle di Lodano und jene auf dem Bettlachstock/SO, beide sind heute schon Naturwaldreservate, sollen neben alten Buchen-Wäldern in Deutschland und in den Karpaten (Slowakei und Ukraine) als Weltnaturerbe aufgenommen werden.

Ausführliche Informationen, auch zu Wanderungen und weiteren interessanten Themen wie z. B. zur Nutzung des Waldes und der Alpen finden Sie auf: www.valledilodano.ch

27 | Giro della Valle del Salto bei Maggia (TI)

Auf einsamen Wegen zu Riesenkastanien

Blick auf den Gegenhang (Richtung Süden)
zur Selve Cassinèla

Im Dorfzentrum von Maggia, auf der Piazza del Pozz neben der Locanda Poncini, stossen wir auf den Wanderwegweiser zum Rundgang ins Valle del Salto. Unser erstes Ziel, die Kapelle Santa Maria della Pioda, thront über dem Dorf. Auf Treppenstufen durch die Weinberge gewinnen wir rasch an Höhe. Von der Kapelle, die mit Fresken aus dem späten 15. Jahrhundert ausgemalt ist, haben wir einen schönen Ausblick auf das Dorf Maggia und die Flusslandschaft gleichen Namens.

Links führt eine Brücke über die Schlucht des Riale del Salto; wir nehmen die Steinstufen rechts und wandern taleinwärts.

Schon beim ersten Weiler Ovia tauchen am Rande des urbar gemachten Bodens die ersten alten Riesenkastanienbäume auf. Auf Steinstufen führt der Weg weiter ins Tal hinein; abgesehen vom Rauschen des Flusses und des Gesangs der Vögel, umgibt uns eine angenehme Ruhe.

Beim Weiler Cassinèla, der auf einer kleinen Terrasse des Bergrückens von Giovaa

gelegen ist, treffen wir auf einen gepflegten Kastanienhain, eine Selve. Drei der dort
wachsenden Riesenkastanien erreichen einen
beachtlichen Umfang. (s. auch Kasten)

Etwas weiter kommen wir zu einem ein-
gefallenen Gebäude. In der längst aufge-
gebenen Selve In Rinsg hat der Wald das
Gelände schon lange überwuchert und zu-
rückerobert; hier finden wir verdorrte Riesenkastanien. Es ist auch leicht zu erkennen,
dass die Kastanie als Lichtbaumart ohne
Pflege gegen Eschen, Birken oder Ahorne
keine Chance hat und mit der Zeit abstirbt.
Auch die alten Trockenmauern und zerfallenes Gemäuer werden alsbald von der Natur vereinnahmt und überwachsen. Später
auf dem Rückweg auf der rechten Talseite

Abb. 1: Kapelle Santa Maria della Pioda
Abb. 2: Steinstufen führen ins Tal
Abb. 3: Riesenkastanie am Weg vor Cassinèla
Abb. 4: Riesenkastanie vor Cassinèla
Abb. 5: In der Selve Cassinèla
Abb. 6: Riesenkastanie in der Selve Cassinèla

chen wir Halt. Etwas unterhalb davon finden sich kleine Staubecken, die im Sommer eine Erfrischung ermöglichen.

Der Weg rechts führt hinauf nach Maiasco und weiter nach Brione ins Verzascatal. Wir nehmen den Weg über den Staudamm und steigen an Richtung Canaa. In einer ersten Lichtung, ebenfalls eine ehemalige Selve, treffen wir am Weg auf ein gutes Dutzend alter Kastanien.

Nunmehr auf dem Rückmarsch, führt der Weg abwärts. Bald künden ein paar alte Kastanien einen Weiler an: wir treffen aber nur auf ein zerfallenes Gemäuer. Jetzt folgt der Weg dem am Nachmittag besonnten Hang über Cèir ins Gebiet Talpign. Bei einem Bildstock treffen wir nochmals auf vier Riesenkastanien, wovon die zwei grössten oberhalb des Wegs, inmitten von Felsblöcken stehend, zu den grössten zählen, die wir im Valle del Salto antreffen. Beim Weiler La Doa, dessen Häuser am Abhang kleben, queren wir einen lichten Birkenwald.

Bald erreichen wir die Brücke bei der Kapelle am Schluchteingang. Wir haben hier die Möglichkeit, über die Brücke, wo grauslich tief unten das Wasser rauscht, zur Kapelle zu gehen und dann ins Dorf zurückzukehren, oder einen kleinen Umweg über Voipo zu machen. Auf Steinstufen gelangen wir so ins Dorf zurück und können dabei noch den mächtigen Salto, den Wasserfall, sehen.

Eine Wanderung im Valle del Salto ist mit seinen einsam gelegenen Rustici, den von Wildbächen zerfurchten bewaldeten Abhängen und den in allen Formen sich zeigenden Riesenkastanien sehr berührend. Wer sich die Zeit nimmt, sich hier auf die Eigenheiten und Erscheinungen des Tals einzulassen, den wird es nicht mehr loslassen; er wird wiederkommen. Ganz sicher!

treffen wir noch drei Male auf verlassene Gebäude mit ehemaligen Selven. Führt der Weg in ein Seitental hinein (und wieder heraus), kann er zu unserer Linken bachwärts recht abschüssig sein. Dann ist etwas Vorsicht geboten, stärker ausgesetzte Stellen gibt es aber nicht.

Bei unserem Wendepunkt, einem kleinen Staubecken, wo ein Teil des Wassers für die Energiegewinnung abgezweigt wird, ma-

Abb. 7: Riesenkastanie in der ehemaligen Selve In Rinsg
Abb. 8: Riesenkastanie im Aufstieg zu Canaa
Abb. 9: Unterwegs nach Canaa

DIE KASTANIE IST DER BROTBAUM DES TESSINS

Von den Römern hierhergebracht, wurde der Kastanienbaum in offener Anlage, den Selven, in der Nähe der Siedlungen kultiviert. Getrocknet oder gemahlen waren die Früchte lange haltbar. Auch Bau- und Brennholz und Einstreu für das Vieh lieferten die Bäume, zwischen denen man die Tiere weiden liess. Eine gepflegte

Abb. 10: Riesenkastanie zwischen Canaa und Cèir

KURZINFORMATIONEN

Ausgangspunkt
Maggia, Bushaltestelle «Centro». Von Locarno mit dem Bus nach Maggia, Fahrplanfeld 62.315.
Endpunkt
Maggia, Bushaltestelle «Centro».
Gehzeiten
• Von Maggia, 332 m ü. M. Aufstieg zur Kapelle Santa Maria della Pioda und weiter zum Staubecken bei Pt. 746: 1 h 50 min
• Rückweg über Canaa–Talpígn–Voipo und Maggia: 2 h
Kartenmaterial
LK 1: 25 000 Maggia, Nr. 1292

Selve lieferte über viele Generationen hinweg Nahrung. «Arbur», «Baum», nannten die Einheimischen den Kastanienbaum. Die allermeisten stehen im Tessin zwischen 700 und 1 000 m ü. M. Es gibt viele verschiedene Sorten; solche, die früh reifen und rasch genossen werden müssen, andere, die sich Zeit lassen und besser gelagert werden können. Letztere wurden auch gerne getrocknet. Im Trockenhaus, dem Grà, wurde wochenlang eine Glut gehegt, die die darüber auf einem Rost ausgelegten Kastanien trocknete. Hatten sie diese Prozedur hinter sich, mussten sie geschält werden. Auf die guten Früchte wartete dann der Kochtopf, die weniger guten landeten in der Mühle. Das daraus gewonnene Kastanienmehl wurde mit Getreidemehl vermischt und zu Fladen gebacken. Früchte ausserhalb dieser zwei Kategorien landeten im Schweinestall und sorgten so für die Erfüllung der (leicht abgeänderten) «Bauernregel»: «Auf den Kastanien wachsen die besten Schinken».

Ende des vorletzten Jahrhunderts verlor die Kastanie dann an Bedeutung, weil der Ausbau der Transportwege Getreideimporte erleichter-

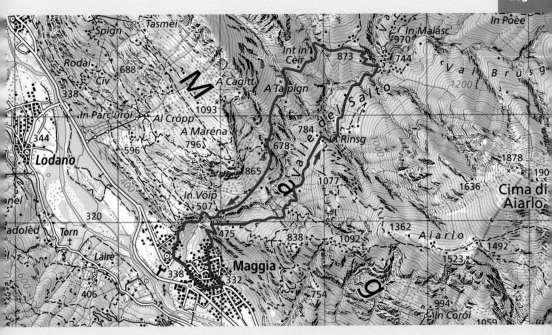

te. Zudem setzte im Zuge der Industrialisierung eine Landflucht ein, die die enge Verbindung der Bergbauern mit ihren Kastanienbäumen aufbrach. Die Selven wurden in der Folge vernachlässigt und der Kastanienrindenkrebs, ein parasitärer Pilz, der 1948 erstmals im Tessin auftauchte, tat ein Übriges. In den Selven bekam die Kastanie die nötige Pflege und das nötige Licht. Als dieses nun fehlte, überwucherte der Wald in wenigen Jahrzehnten das Gelände. Im Einzugsgebiet der Maggia, insbesondere im Onsernonetal und im Gebiet östlich der Linie Biasca–Lugano, stellte man über den Zeitraum der letzten 120 Jahre eine Verdoppelung der Waldflächen fest.

In den letzten Jahren wurden jedoch einige Projekte gestartet, um die Kultur der Selven wiederzubeleben. Ein Beispiel hierzu ist der «Sentiero delle Castagne» von Arosio nach Breno im Malcantone mit Informationstafeln u. a. zur Kastanienkultur und Waldbewirtschaftung. Spannend sind auch die Wanderungen durch die Selve «Mont Grand» oberhalb Soazza im Misox und im Kastanienhain Brentan zwischen Castasegna und Soglio im Bergell.

Unsere Kulturlandschaften sind aus dem Bedürfnis der lokalen Bevölkerung entstanden, Wirtschaft und Gesellschaftsform aufeinander abzustimmen. Anders gesagt: Wenn man in 50 Jahren noch Kastanienhaine bewundern will, so muss ein wirtschaftliches Bedürfnis für die Produkte dieses Baumes vorhanden sein bzw. aufgebaut werden. Nur der Grund, dass eine Selve «schön aussieht», reicht vielleicht in wenigen (idealistisch motivierten) Fällen, diese auch zu pflegen, dürfte aber auf Dauer keinen Hain retten.

Die Früchte der Rosskastanien sind nicht essbar. Ausschlaggebend für ihre Namensgebung war, dass die Aussenschale ähnlich der der Esskastanie ist; verwandt sind die Bäume aber nicht: Die Esskastanie zählt zu den Buchengewächsen, die Rosskastanie zu den Seifenbaumgewächsen. Unterschiedlich sind auch deren Blätter: Jene der Esskastanie sind länglich, während die der Rosskastanie fingerförmig sind. Die Maronen oder Maroni, die wir im Herbst geröstet geniessen, sind eine gezüchtete Sorte der Esskastanie. Sie sind etwas grösser, rund und lassen sich leichter schälen als die Wildsorten.

Riesenkastanie in Bidesco

Im alten Dorfkern von Giornico nehmen wir den weiss-rot-weiss markierten Bergweg nach Cavagnago unter die Füsse. In ungezählten Kehren steigt der Weg bergan an einem Wasserfall vorbei, dessen Tosen den Verkehrslärm für eine Weile übertönt. Einen ersten Halt schalten wir bei einer alten Kastanie neben einem Bildstock ein. Immer noch schön ansteigend, erreichen wir mit den letzten Kehren das Riesenkastaniengebiet. Vier alte Bäume begleiten uns bergwärts und geben uns einen «Vor-Blick», was uns noch an mächtigen alten Baum-Monumenten erwartet.

Sobald wir die Wiese erreicht haben, folgen wir dem Fahrweg Richtung Dorf. Nach der Brücke über den Bach haben wir

an erhöhter Stelle von einer Bank aus einen schönen Ausblick auf Cavagnago und die gegenüberliegenden Berge der mittleren Leventina.

Anschliessend queren wir auf der «Strada alta», dem bekannten Höhenweg am Sonnenhang, auf einem guten Weg ein Waldstück und zwei Bachtobel. Erreichen wir den Hartbelag, ist der Weiler Ronzano nicht mehr weit. Zwischen Ronzano und Sobrio steht auf der grünen Wiese die alte Kirche San Lorenzo. Zwischen Pfarrhaus und Kirche, an enger Stelle, wuchs bis vor einigen Jahren einer der bekanntesten Bergahorne der Schweiz.

Nach der Erzählung wurde der Baum vor der Schlacht bei Giornico am 28. Dezember 1478 von einem Bauern gepflanzt. An die 200 Luzerner, Urner, Schwyzer und Zürcher zusammen mit etwa 400 Leventinern besiegten in der Schlacht «dei Sassi grossi» (was Aufschluss über die Mittel der Kriegsführung ergibt) eine 20-fache Übermacht von Mailändern. Für über drei Jahrhunderte wurde das Livinental danach wieder urnerisch. In Sobrio verdankt man dem Baum

das Sprichwort «N'à sott a l'airu», «unter den Ahorn gehen», was so viel bedeutet wie: «Sterben und unter seinem Schatten auf dem nahen Friedhof begraben werden».

Vor einigen Jahren musste man leider feststellen, dass der eindrückliche Baum krank war und die Gefahr bestand, dass er bei einem Sturm auseinanderbrechen könnte. So wurde er im Dezember 2006 gefällt – der Legende nach war er 428 Jahre alt geworden. Heute erinnert ein Baumstumpf noch an dieses Monument.

Durch enge Tessiner Gässlein, vorbei an alten Holzhäusern, kommen wir ins Dorfzentrum mit der Postauto-Haltestelle und dem Restaurant Ambrogino.

Unser nächstes Ziel ist Bidrè. Auf dem Wanderweg dorthin kommen wir an einer gemauerten Grube, der Bärengrube, vorbei. Das Loch, ähnlich einem Brunnen gegraben und mit trockenem Mauerwerk ausgekleidet, diente dem Fangen von Bären. In Akten ist bezeugt, dass 1802 die Einwohner von Bodio, Personico und Pollegio den Pfarrvikar darum baten, eine Prozession abhalten zu dürfen, um die Bären zu verfluchen. 1805

ist vermerkt, dass zur Feier eines päpstlichen Jubiläums dank der Barmherzigkeit Gottes die Befreiung «von den wilden und schädlichen Tieren, das heisst Bären etc.» gelingen möge.

Abb. 1: Riesenkastanien im Aufstieg nach Cavagnago
Abb. 2: Bergahorn bei der Kirche San Lorenzo zwischen Ronzano und Sobrio
Abb. 3: «N' à sott a l'airu», «Unter den Ahorn gehen», der 2006 gefällte Bergahorn
Abb. 4: Bärengrube kurz nach Bidrè

Durch ein wildes Waldgebiet geht es weiter. Wir verlassen gleich nach dem Überqueren eines Bächleins den Weg nach rechts. Beim (Ferien-) Haus folgen wir der Strasse abwärts. Sicher ein halbes Dutzend Riesenkastanien begleitet uns dabei. Die zwei eindrücklichsten Bäume finden wir weiter unten, oberhalb der Brücke am Bach. Der obere Baum ist hohl, der untere hat ein beeindruckendes Wurzel-Stamm-Gebilde aufgebaut.

Bei den ersten Häusern von Bitanengo machen wir einen kurzen Abstecher zu den Riesenkastanien von Bidesco. Gut ein halbes Dutzend und ein paar riesige Stümpfe von ihnen beeindrucken hier.

Zurück in Bitanengo wählen wir die Fahrstrasse hinauf nach Diganengo. Jetzt sind wir wieder auf dem Wanderweg. Beim ersten Haus steht etwas erhöht hinter einer Wiese eine der dicksten Riesenkastanien auf unserer Wanderung. Weiter auf dem Höhenweg, bei Pt. 953, machen wir einen Abstecher nach Conzanengo. Durch den Weiler wandern wir weiter, begegnen weiteren Rie-

Abb. 5: Riesenkastanie oberhalb des Weilers Bidesco

Abb. 6: Strunk einer Riesenkastanie am Weg nach Bidesco

Abb. 7: Riesenkastanie in Conzanengo

Abb. 8: Gefallene Riesenkastanie am Weg nach Pollegio

KURZINFORMATIONEN

Ausgangspunkt
Giornico, Bushaltestelle «Paese». Mit dem Zug nach Faido (Schnellzugshalt), Fahrplanfeld 600. Von Faido mit dem Bus nach Giornico, Fahrplanfeld 62.191.

Endpunkt
Pollegio, Bushaltestelle «Centro». Mit dem Bus von Pollegio nach Faido bzw. Biasca, beides Schnellzugshalte. Fahrplanfeld 62.191.

Gehzeiten
- *Von Giornico, 391 m ü. M. nach Cavagnago, 1020 m ü.M.: 1 h 15 min*
- *von Cavagnago nach Sobrio, Kirche San Lorenzo: 30 min*
- *von Sobrio über Bidrè, Bitanengo, mit Abstecher nach Bidesco nach Diganengo: 1 h*
- *von Diganengo nach Conzanengo und hinunter nach Corecco: 45 min*
- *von Corecco nach Pollegio, 298 m ü. M.: 40 min*

Kartenmaterial
LK 1: 25 000 Biasca, Nr. 1273

intakten) alten Bäumen sehen diese zwei Stämme wie die angeschwemmten Leiber von (ehemals) riesigen Tieren aus.

Immer wieder treffen wir auf Riesenkastanien. Vor Pollegio werden sie dann aber seltener – der Verkehrslärm hingegen grösser. Vor der letzten grossen Wegkurve (ca. 500 m ü. M.) treffen wir nochmals auf ein von Feuer geschwärztes hohles Überbleibsel eines Stammes, wenig dahinter wachsen armdicke Stämme ins Licht und profitieren vom Zerfall ihres «Vor-stehers».

Steil geht es dann hinunter nach Pollegio.

senkastanien und kommen dann hinunter auf eine Teerstrasse.

Gleich unterhalb dieser Strasse folgen wir einem Fusspfad abwärts, bis wir wieder bei Pt. 763 auf den Wanderweg nach Pollegio gelangen. Jetzt immer abwärts wandernd, treffen wir auf zwei verfallende Baumungetüme, beide mit einem Durchmesser von über zwei Metern. Im Wald mit den (noch

Abb. 9: Über einen längeren Zeitraum zersetzt sich der Strunk der Riesenkastanie immer mehr. Am Weg hinunter nach Pollegio
Abb. 10: Detailansicht einer Riesenkastanie, ein Kunstwerk der Natur

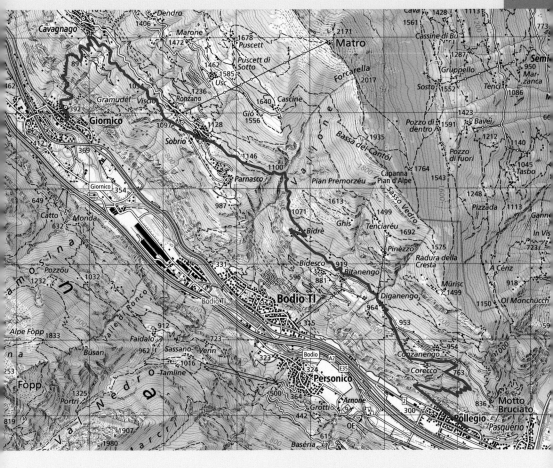

RIESENKASTANIEN AN DER «STRADA ALTA»

Unsere Wanderung folgt ab Cavagnago mehrheitlich dem Wanderweg «Trans Swiss Trail 2», der «Strada alta», ausgenommen bei Bidesco und Bitanengo und dem Abstecher zu den Riesenkastanien um Conzanengo. Steiler Anstieg von Giornico bis Cavagnago, steiler Abstieg von Corecco bis Pollegio. Einmal oben auf der «Strada alta» angelangt, sind keine grossen Höhenunterschiede mehr zu verzeichnen. Wunderschöne Wegstücke durch Wald zwischen Cavagnago und Sobrio und zwischen Sobrio und Bidrè durch die Schlucht des Riale Dragone. Lange Tageswanderung, reine Wanderzeit von über 4 Std.

Die Standorte der Riesenkastanien in Cavagnago, Bitanengo und Diganengo sind dem «Inventar der Riesenkastanien im Kanton Tessin und Misox» entnommen. Herzlichen Dank an die Eidg. Forschungsanstalt WSL, Sottostazione Sud delle Alpi in Bellinzona, für ihr Entgegenkommen.

Denken Sie unterwegs daran, dass die meisten der beschriebenen Riesenkastanien in Privatbesitz sind. Auch der alte Baum verdient Respekt; klettern Sie nicht am Stamm herum und steigen Sie nicht in die Hohlräume.

Die Angaben zum verschwundenen Bergahorn bei der Kirche San Lorenzo in Sobrio verdanke ich der «AASS» – «Associazione Attinenti e Simpatizzanti di Sobrio». Herzlichen Dank!

Lärche in Balavaux

Von Haute-Nendaz südlich von Sion führt uns eine Gondelbahn auf einen Zwischengipfel, den Tracouet, im riesigen Skigebiet zwischen Nendaz, Super Nendaz und Mont Fort. Neben der Bergstation mit den üblichen touristischen Einrichtungen befindet sich ein kleiner See, der Lac de Tracouet. Wir nehmen den Wanderweg, den wir mit Bikern und Alpfahrzeugen teilen, auf der rechten Seite des Sees in Richtung Balavaux. Durch locker bestandenen Lärchenwald erreichen wir bald die kleine Alpwirtschaft Cabane de Balavaud.

Im Wald Balavaux bei Les Prarions oberhalb von Isérables befindet sich ein Baumbestand von alten Lärchen, der weltweit einzigartig ist: Nirgendwo sonst steht eine so grosse Anzahl dieser mächtigen uralten Bäume. Mindestens zehn davon haben einen Stammumfang von über 7,50 Metern. Ihr Alter wird auf sagenhafte 700 bis 900 Jahre geschätzt.

Kurz vorher treffen wir am Strassenrand auf eine Riesenlärche. In der angrenzenden Weide oberhalb der Strasse finden sich weitere mächtige Exemplare. Und es kommt noch besser! Vor der Alpwirtschaft zweigen wir nach rechts ab und wandern dann auf dem Fahrweg nach Les Prarions hinunter.

Der ganze Hang ist locker mit Dutzenden, nein, Hunderten von riesigen Lärchen bestanden. Das ist ein gewaltiger Anblick! Wer das nicht selber gesehen hat, der glaubt das nicht! Mit Abständen von 20 bis 50 Metern stehen die Lärchen hier verteilt, dickere und weniger dicke, ältere und jüngere, jede individuell in ihrer Form. Die symmetrisch klar abgegrenzte Form von Fichten oder Tannen fehlt der Lärche. Als Lichtbaumart hat sie hier mit viel Platz optimale Voraussetzungen und als Baum in höheren Lagen ist sie Wind und Wetter gewohnt. Ihre Wurzeln erstre-

cken sich bis zwei Meter tief in den Boden und geben dem Baum hiermit Halt. Die dicke Borke schützt ihn gegen Steinschlag, im Winter sind die kahlen Äste gegen Schneebruch gefeit. So kann dieser Wald seine Aufgabe als Schutzwald erfüllen. Was ihm nebst der Beweidung im Sommer zu schaffen macht, sind die Liftanlagen, von denen

Abb. 1: Am Anfang des Lärchenwaldes
Abb. 2: Überblick über den Lärchenwald. Am Gegenhang liegt die Ortschaft La Tsoumaz.
Abb. 3: Dichter Lärchenbestand vor Les Prarions
Abb. 4: Unterwegs trifft man uralte Lärchen an.
Abb. 5: Eine grosse Lärche am Wegrand

Abb. 6: Lärchen weisen eine dicke Borke auf.

Abb. 7: Grand Bisse de Saxon

eine (von Tracouet nach Les Prarions) das Lärchengebiet am Rand quert und zwei weitere am östlichen Gegenhang eingerichtet sind. Eine zu starke Belastung und Verdichtung des Bodens vermögen das Wurzelwerk zu schädigen; im Extremfall kann der Baum sogar absterben.

In Les Prarions, einer kleinen Ferienhaussiedlung, nehmen wir den Weg Richtung Isérables. Schon bald zweigt er nach rechts ab und wir kommen zur Grand Bisse de Saxon. Leider führt sie kein Wasser mehr. Die «Bisses» – zu Deutsch Suonen – sind Zeugen des Kampfes der Walliser gegen die Trockenheit. Sie ermöglichten es, die Felder auch fernab von natürlichen Wasserläufen zu bewässern. Darum wurde das Wasser aus den Flüssen oder Gletschern künstlich um die Hügel geleitet. Die Grand Bisse de Saxon ist die längste Suone im Wallis. Sie bekam ihr Wasser aus dem Fluss La Printse, welcher aus den Gletschern am Mont Fort entspringt. Über 32 km wurde das Wasser auf die Felder der Dörfer Nendaz, Riddes, Isérables und Saxon geleitet! Die 1865 bis 1869 gebaute Leitung wurde 1966 (leider) trocken gelegt.

Wir folgen der Bisse: Es ist ein angenehmer Weg mit minimaler Steigung; wir laufen dem (nicht vorhandenen) Wasser entgegen. In Pra da Dzeu, einer Lichtung, wird Alpwirtschaft betrieben. Im Patois-Dialekt bedeutet der Name «Wiese im Wald». In den Kalksteinfelsen finden sich viele Dolinen. Die Bisse führt am oberen Rand von Pra da Dzeu entlang. Dank des Kanals sind einige Fichten zu stattlichen Bäumen herangewachsen. Der idyllische Ort mit Blick auf die gegenüberliegenden Berge auf der Nordseite der Rhone strahlt viel Ruhe aus.

Hier zweigt unser Weg ab nach Haute-Nendaz. Auf dem Chemin des Pives – Tannzapfenweg – über Les Rairettes geht es zurück zum Ausgangspunkt. Die letzten 20 Minuten führen durch ein Ferienhausquartier – manchmal auch ganz interessant!

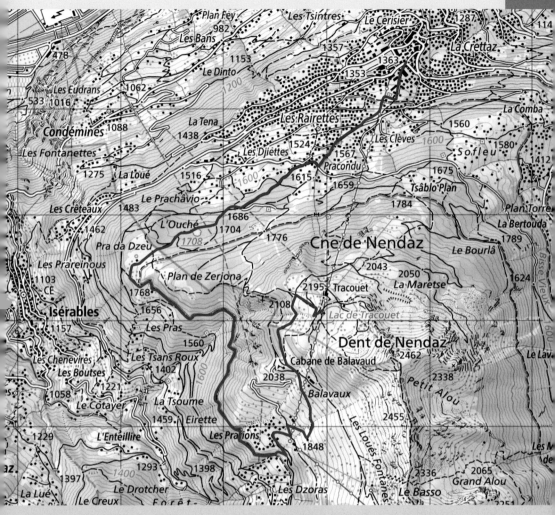

KURZINFORMATIONEN

Startpunkt

Bergstation der Luftseilbahn Haute-Nendaz–
Tracouet, 2195 m ü. M.: Bus von Sion nach
Haute-Nendaz. Fahrplanfeld 12.362. Parkmög-
lichkeiten. Luftseilbahn: Fahrplanfeld 2175.

Endpunkt

Talstation der Luftseilbahn in Haute-Nendaz,
1370 m ü. M.

Gehzeiten

- Tracouet–Les Prarions: 50 min
- Les Prarions–Pra da Dzeu: 50 min
- Pra da Dzeu–Haute-Nendaz Station: 45 min

Besonderes

Die Lärchen von Les Prarions – einmalig;
sie sind eine Reise wert! Die Grand Bisse de
Saxon – schade, dass sie kein Wasser mehr
führt. Haute-Nendaz – na ja!
Nendaz Tourisme: www.nendaz.ch

Kartenmaterial

LK 1:25 000 Sion, Nr. 1306

Lärche am Weg im unteren Teil des
Hittuwaldes

Von Brig über den Simplonpass mit dem Postauto: das ist ein besonderes Erlebnis! Die Haltestelle in Simplon-Dorf befindet sich beim Hotel Post, dessen Bau, wie auch jener der Simplonstrasse, gemäss einer Inschrift am Haus, von Napoleon angeordnet worden sein soll. Über die Zufahrtstrasse wandern wir über die Chrummbach-Brücke zum Dorf hinaus und über die Autostrasse ins Gebiet Bru, wo der Bergweg, weiss-rot-weiss markiert, schnell ansteigt. Durch Föhrenwald geht es ein paar Kehren, nachher am Hang entlang, hinauf bis Pt. 1660. Der Verkehrslärm von der Passstrasse her wird bald vom Rauschen des Flusses im Tal und vom Wind übertönt. Bei einem Wegweiser angelangt, folgen wir dem Panoramaweg. Nach etwa 200 Metern treffen wir auf die ersten dicken Lärchen im Hittuwald.

Der Name kommt von der Maiensäss-siedlung «Hittä» am südlichen Rand des Waldes, der die Gebäude vor Lawinen schützt. Hier, am Chastelberg, hatte die Lärche als Pionierbaum, der viel Licht braucht und am liebsten auf vegetationsarmem Untergrund wächst, gute Chancen: Die Lärchen stehen hier auf den Geröllhalden eines Felssturzes. Da die Lärche im Herbst die Nadeln abwirft und auch im Sommer viel Licht auf den Boden fallen kann, ist sie mit Gras bewachsen. Früher wurde der Wald als Weide für Ziegen genutzt und spielte eine wichtige Rolle im Waldweidesystem der Berggebiete. Beweidung (und Holzwirtschaft) bewirkten neue offene Flächen, was der Lärche Vorteile verschaffte. Wird die Beweidung aufgegeben und der Holzeinschlag reduziert, so gewinnen anspruchslosere Fichten und vor allem in höheren Lagen die Arven die Ober-

Abb. 1: Die erste grosse Lärche im Hittuwald
Abb. 2: Alte Lärche oberhalb des Panoramaweges
Abb. 3: Blick auf den Hittuwald Richtung Süden
Abb. 4: Blick zurück vom Panoramaweg Richtung Westen. Im Tal sieht man die obersten Häuser von Simplon-Dorf, links das Fletschhorn.

hand, wodurch sich der Waldtyp ändert: Die lichthungrige Lärche wird verdrängt. In den Gebieten, in denen sie natürlich vorkommt, wurde sie stets geschätzt; u. a. aufgrund ihres wetterbeständigen und schönen Holzes. Die Rinde gebrauchte man zum Gerben und Färben, das Harz war Basisstoff für das Venezianische Terpentin, aus welchem man früher z. B. Wundsalben herstellte. Heute findet das Holz der Lärche in der Herstellung von Lacken und in der Ölmalerei Verwendung.

Die ältesten Bäume – die meisten mit einem Brusthöhenumfang von vier bis fünf Metern – sollen bis 850 Jahre alt sein, andere bringen es wenigstens auf ein halbes Jahrtausend. Die dicke, korkähnliche, rötlich gefärbte Borke schützt gegen Steinschlag und vor den früher viel häufiger auftretenden Waldbränden.

Weiter auf der Panoramastrasse treffen wir auf alte Bäume, die zum Teil einzeln, zum Teil in Gruppen stehen. Oberhalb des Fahrweges finden sich vier alte Lärchen, ein sehr schönes Exemplar steht etwa 50 Meter

sehr gut: Ist die Lärche vorherrschend, so ist der Wald lichter, offener und heller. Auch auf dem Rückweg durch den unteren Teil des Hittuwaldes, «Chäschermatta» ist die Ortsbezeichnung, treffen wir auf enorm dicke Lärchen. Am Rand der Lawinenschneise finden wir drei herrliche Bäume, auch weiter direkt am Weg steht ein wunderbarer Baum mit einem Brusthöhenumfang von 5,60 Metern.

Kurz darauf treffen wir auf eine Lärche mit einer Bank daneben, wo wir Rast machen. Als «Linde der Gebirgsbewohner» war die Lärche früher ein Baum, unter dem man Versammlungen und Wahlen abhielt und Gerichtsentscheide fällte. Etwas «Hehres» ist der Lärche eigen; sie lässt uns innehalten.

Kommen wir auf der Wanderung dem Dorf wieder näher, werden die dicken Lärchen seltener. Die zwei letzten Riesen finden wir an der Suone, der «Chrummbacheri», der Wasserleitung, die das kostbare Nass auf die Wiesen unterhalb des Hittuwaldes bringt. Ein Baum ist mit einem Zettel behangen: «Umfang 5,10 m, Willi». Die zweite Lärche, 20 Meter weiter weg, hat «Willi» nicht vermessen, sie erreicht einen Umfang von gut fünf Metern. Ein untypischer Ort für eine Lärche, hat sie doch die Wurzeln am Wasser, was sie eigentlich nicht mag. Interessant wäre jetzt die Frage: Wer war zuerst da? Die Lärche oder die Suone; und welche Auswirkungen hatte letztere auf die Lärche?

Ein schöner Weg folgt der Suone bis kurz vor der Brücke über die Autostrasse, wo unsere Bergwanderung begann. Bis zum Dorf zurück ist es nicht mehr weit.

oberhalb der Strasse inmitten eines Geröllfeldes. Dieser Baum erreicht einen Brusthöhenumfang von 4,50 Metern; später treffen wir noch auf zwei weitere Bäume mit einem Umfang von über fünf Metern.

Von hier haben wir auch einen schönen Ausblick auf den Hittuwald – die alten Lärchen schauen oben heraus –, weit unten auf Simplon Dorf und auf die westlich davon gelegenen Berge Fletschhorn (3 985 Meter) und das 25 Meter höhere Lagginhorn.

Nach der Querung eines mit Jungwuchs bestandenen Lawinenhangs kommen wir auf eine geteerte Strasse, der wir etwa 200 Meter folgen, um dann rechts wieder in den Panoramaweg einzubiegen, der nach Simplon-Dorf zurückführt. Hier sehen wir es

Abb. 5: Lärchen am Rand der Lawinenschneise
Abb. 6: Eine Gruppe von Lärchen, kurz vor Erreichen der Suone im unteren Teil des Hittuwaldes
Abb. 7: Lärche an der Suone, der «Chrummbacheri»

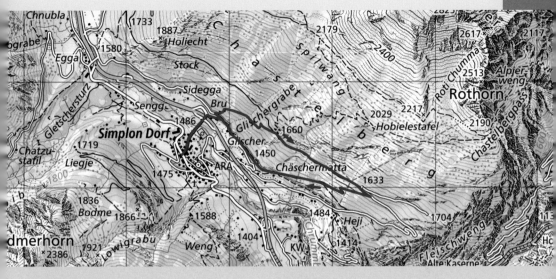

KURZINFORMATIONEN

Ausgangspunkt

Simplon Dorf. Mit dem Postauto von Brig
über den Simplonpass nach Simplon-Dorf,
Fahrplanfeld 12.631; 4 Kurse an Werktagen,
2 zusätzliche Kurse an Sonntagen, 2 Kurse
nur von Mitte Juni bis Mitte Oktober.

Endpunkt

Simplon Dorf. Wie bei der Anfahrt. Oder mit
dem Postauto durch die Gondoschlucht nach
Iselle, von dort zurück durch den Simplontunnel nach Brig, Fahrplanfeld 12.631 für das
Postauto; Fahrplan konsultieren, da einzelne
Kurse nur bis Gondo verkehren. Für den Zug
durch den Simplontunnel Fahrplanfeld 145.

Gehzeiten

Postauto-Haltestelle Simplon-Dorf,
1490 m ü. M–Bru–Hittuwald, Pt. 1660 und
1633–zurück auf dem Panoramaweg und
der Suone entlang bis Bru–Simplon-Dorf:
gemütlich 1 h 30 min bis 2 h

Kartenmaterial

LK 1: 25 000 Simplon, Nr. 1309

Charakteristik

Man sagt, dass im Spätherbst, wenn sich die
Nadeln gelb verfärben und sich vom Blau des
Himmels abheben, die Lärche das Licht des
Sommers wieder zurückgibt. Zwischen Ok-
tober und Anfang November, während etwa
drei Wochen, erleben wir in den goldenen
Lärchenwäldern ein Schauspiel unterschied-
lichster Farben. Je nach Höhe und Lage, dem
Zeitpunkt des Wintereinbruchs und der Nieder-
schlagsintensität, sind die Bäume noch grün,
wechseln dann die Farbe von hellgelb zu
orangegelb und später zu feurigem Orange.
Zeugen des Verkehrs über den Pass begleiten
uns auf der Südseite des Simplons: Der alte
Saumpfad, der Alte Spittel unterhalb des
Passes, das Hospiz auf dem Pass, der Stockal-
perturm in Gondo und die Napoleonstrasse
wie auch die Bauwerke der heutigen Natio-
nalstrasse. Simplon-Dorf ist eine gut erhalte-
ne Siedlung mit etlichen alten Gebäuden.

BILDNACHWEIS

Sämtliche Fotos stammen von Daniel Roth.
Die Karten wurden mit freundlicher Genehmigung des Bundesamts für Landestopografie swisstopo abgedruckt. © swisstopo

DANK

Die Realisierung des vorliegenden Buches wurde durch die folgenden Sponsoringbeiträge ermöglicht:

Einwohnergemeinde Langnau

Einwohnergemeinde Menzingen

Gemeinde Luthern

Gemeinde Simplon

Gemeinde Ulmiz

ProNatura (Hrsg.)

Moorwanderungen

18 Routen zu den schönsten Moorbiotopen
der Schweiz

2021. 208 Seiten, ca. 200 Abb., ca. 18 Karten,
Flexobroschur
CHF 38.00 (UVP) / € 39.90
ISBN 978-3-258-08242-4

Wurden Moore früher als unnützes Ödland betrachtet, so sind sie heute als wichtige Lebensräume zur Erhaltung der Biodiversität anerkannt und geschützt. Dabei präsentieren sich die in der Schweiz erhaltenen Moorgebiete als überaus vielfältig und artenreich und vermögen mit ihrer ganz eigenen Schönheit und Atmosphäre immer wieder aufs Neue zu faszinieren.

In diesem Wanderführer nehmen zehn Moorkennerinnen und -kenner die Leser mit auf eine Entdeckungsreise zu den schönsten Moorbiotopen der Schweiz – vom Kaltbrunner Riet bis zum Ar du Tsan im Val de Réchy, von Rothenthurm bis zur Alp Flix. Dabei geben sie dem Leser nicht nur exakte Routenbeschreibungen, sondern auch viele interessante Hintergrundinformationen mit auf den Weg.

: Haupt   **Haupt Verlag**
verlag@haupt.ch • www.haupt.ch